U0113669

远去的民国江湖

刘未鸣　韩淑芳　主编

中国文史出版社

目 录

我所认识的杜月笙

馬賡伯 口述　　張松美 整理

　　我自20世纪20年代进入《新闻报》从事新闻摄影始，至今已有60余个春秋。由于职业关系，在旧上海，我曾接触过一些达官贵人、豪富巨贾、海上闻人、大亨名士等。曾经横行"十里洋场"，势力超过黄金荣、称霸上海滩，名震中外的大亨杜月笙便是其中的一个。

　　我是上海浦东人。早在青少年时代，便从长辈们的口中知道了杜月笙这个名字；再几经社会上小市民的口头渲染，更给杜月笙添上了传奇的色彩，从而也使我对其增加了神秘感。但是，自从杜月笙成了《新闻报》的董事，我与之接触的机会多起来之后，我的神秘感也就不攻即破、自行消失了。

　　杜月笙年少失学，胸无点墨。自从他跻身上海黑社会头子，成了举足轻重的闻人大亨之后，便拉拢新闻界人士，为自己大造声势和舆论。各家报馆都希望这位大亨能作为自己的靠山，因而竞相为其吹嘘。

　　创办于1893年的《新闻报》，其发行量当时居全国各报之首。自从杜月笙发迹后，《新闻报》便一再刊登文章，为杜月笙发起举办的各类慈善事业进行鼓吹，将杜说成是乐善好施、仗义疏财的闻人，极尽歌功颂德、美化粉饰之能事。精明干练、老谋深算、附庸风雅的杜月笙摇身一变，竟也成了《新闻报》的董事之一。

除了杜月笙外，《新闻报》的董事还有：金融界的巨擘虞洽卿，以及王晓籁、钱新之、秦润卿、史赓、汪伯奇、汪仲韦等人。其中汪伯奇是《新闻报》第二代总经理，其弟汪仲韦任协理（副总经理）；史赓是报业托拉斯掌握者之一的《申报》总经理史量才之子。从1929年起，当《新闻报》转入中国资本家手中后，史量才曾一度取得该报70%以上的股票。

《新闻报》召开的董事会，是一年一度的例会。这样，杜月笙照例每年都要来新闻报馆开会。他每次都是乘坐英国的"别克"轿车前来。当轿车疾驰至报馆门前戛然停下后，随身的保镖便一手紧扣左轮手枪的扳机，一手迅速地拉开车门。杜月笙尾随保镖，敏捷地猫腰钻出轿车。他右手攥根"司的克"，左手提起长袍，疾步走进报馆大门。汪伯奇总经理等人忙迎上前去，陪同杜月笙登上二楼，来到董事长室。

这间董事长室估计30平方米左右。室中央放置一张椭圆形的台子，周围排着一圈座椅。杜月笙一走进去，便与等候在那里的诸位董事拱一拱手，接着就寒暄起来。那些董事对杜月笙笑容可掬，还有少数人甚至显得诚惶诚恐。他们张口闭口，一口一声"镛老"。杜月笙也操着一口浓重的乡音，淡淡地说上几句，然后莞尔一笑，算是答礼。

记得第一次见到杜月笙时，由于好奇心的驱使，我便仔细地打量了他：40有余年纪，中等身材，佝偻着背脊，平顶头，双颊瘦削，颧骨隆起，面庞清癯而猥琐，眉头颦蹙，目光锐利，身着长袍马褂。唯有当他沾沾自喜或与人答礼时，那漠无表情的脸上才露出一点笑意。

通过第一次接触，杜月笙给我留下的印象是：瘦骨嶙峋，谈吐平平，其貌不扬，好似手无缚鸡之力，一个典型的凡夫俗子式的人物。

每逢召开董事会，新闻报馆门前那条狭小的马路，便被"别克""福特"等各类轿车挤得水泄不通。一俟董事会结束，总经理照例又要设便宴招待诸位董事及与会者。就这样，每年一度的董事会一直延续到1937年日军占领上海，杜月笙出走香港才告休会。

抗战爆发之前，我除了在《新闻报》每年召开的董事年会上与杜月笙晤面聊天，在其他若干场合也与其有所接触。

1931年，杜月笙为了光宗耀祖，炫耀杜家门楣，宣扬其煊赫一时的发迹史，显示其身居上海滩争雄称霸、一呼百应的权威，以及为日后在风云际会的政治舞台上大造声势，他不惜一切代价，大肆挥霍，在浦东高桥的杜家花园及周围几十亩面积的土地上大兴土木，兴建"宗祠"。在这以前，由于职业关系，我曾参观过一些省的各种式样的祠堂，但在这众多的祠堂中，没有一座能与豪华的杜家祠堂相比。

是年6月，在杜家祠堂竣工后，杜月笙举行了盛大的入祠典礼。典礼后的第二天，我就出发去杜家祠堂了。首先我乘车来到金利源码头，只见码头上临时搭起了一座彩牌楼，估计有五六丈高。码头上人头攒动，人潮如流。我挤在人群中向前奔涌，急急忙忙地乘上了摆渡船。这时船上已挤满了人，而且连渡船后拖的小舢板上也已人满为患。摆渡船横渡浦江，不到一个时辰，船即靠近浦东的高桥码头。

从高桥码头到杜家祠堂约10里路远，于是我又雇了一辆人力车去祠堂。由于路面铺修一新，因此人力车在这平坦道路上疾驰如飞。一路之上，但见彩旗招展，而且每隔半里左右矗立着一座鲜花牌坊。人力车在离祠堂尚有半里路的地方停下后，便又踅回码头去迎接宾客了。

我随着熙熙攘攘的人群，急匆匆地赶到祠堂。甫临祠堂门前，映入眼帘的是一座足有五层楼高的大彩楼。彩楼前空旷的场地上有用芦席搭成的食棚。食棚外侧，有一座用木头搭成的简易戏台；食棚内摆放了大约200桌左右的酒席，还搭有一座较精致的戏台。

由于宾客云集，因此只要圆台面一旦坐满，便立即开饭用膳。至于杜月笙的至亲好友、门生徒弟则在另一辟出的食堂里就餐。他们彼此都熟稔，所以一见面便亲热寒暄，赞美恭维之言不绝于耳。我观察了一下，发现食堂里的菜肴要远比食棚里的更丰盛，且中西餐齐备。

宴毕，我和其他前来道贺的各界人士，饶有兴趣地参观了祠堂。这座祠堂是五开间三进。大门口有一对五尺高的石狮。第一进屋是轿马厅，第二进是大厅，第三进是"享堂"。祠堂旁边是一幢两层楼的藏书楼附学塾。

这一天下来，我不但饱吃了三顿，而且还欣赏了荟萃南北著名京剧演员的会演，算是大开眼界。除此，我和其他前来的道贺者还分得了三种纪念品，即纸扇一把，徽章一枚，以及"杜祠落成典礼"的信封信纸。

1933年左右，上海濬浦局局长宋子良（宋子文之弟）出面邀请达官贵人、豪富巨贾、上海闻人名士等，如国民政府财政部长宋子文、国民政府上海市商会会长虞洽卿，以及闻人大亨杜月笙、闻兰亭、王晓籁、袁履登等人，一同乘船前往吴淞口，观摩从德国引进的一艘挖泥船的操作表演。当时《新闻报》委派我和一位同人应邀前往。

我们两人来到预先通知的地点，登上了一艘船，在一位侍从的指引下，径直朝内舱走去。内舱中已放置好一张长方形的桌子。桌子的两旁是两排座椅，每排15人，两排则可容纳30人就座。局长宋子良做东，坐于首席。

我走进内舱，对姓名入座后，便一眼瞥见，坐在我身旁靠近上首席位的正是杜月笙，他神情严肃，正襟危坐。由于我与杜月笙相互熟识，而又都是同乡，遂操着乡音与他寒暄起来。当宋子良宣布宴请开始后，与席者彼此客套了几句，就纷纷提起刀叉，品尝起厨师为我们准备好的西餐。我们边吃边观摩挖泥船在长江中下游的吴淞口所进行的精彩表演。

表演开始，当挖泥船拟抛锚泊位时，蒸汽机发动起来，卷扬机跟着放松了链条……此时，噪声大作，不绝于耳。我们的视线紧盯着挖泥船上的抓斗，只见它慢慢地伸入了江中。当卷扬机绞紧链条，抓斗则将抓拢的淤泥从江中吊出，卸入驳船之中。

由于我们对挖泥船是只闻其名，从未"谋面"，因此这一天能亲自饱享眼福，真是深感幸甚。观摩者的心情无不为之振奋，并对挖泥船的功能和绝招大为赞叹。

沿着水路，挖泥船径直朝吴淞口外驰去，在江中表演了两三个小时之久。

两年后，我又在上海航空大楼的奠基仪式上见到了杜月笙。那年，航空大楼的奠基仪式在上海江湾五角场举行。这幢大楼造型别致，独具匠心。倘若你乘飞机从空中向下俯瞰，一幢呈飞机式样的大楼便尽收眼底。

当时出席奠基仪式的有国民党军政界要人、社会闻人大亨、各阶层著名人士，以及一些报馆的记者。我是作为《新闻报》记者应邀出席的。一走进大门，便使人产生一种肃穆、森严的感觉。大门的石阶下，排列着四名全副武装的警卫人员和一名腰挎手枪的军官。他们一个个似泥塑木雕一般，荷枪实弹，昂首挺胸地肃立着。每当载着入场者的轿车、吉普车驰进大门时，那个军官便喊一声"立正"，四名警卫人员立即提起步枪肃立着行注目礼。入场临近尾声时，国民政府上海市市长吴铁城才姗姗来迟。

仪式上，杜月笙成为我和其他记者特别关注的人物之一。因为他不但是国民政府的"少将参议"，而且还挂着一个国民党陆海空军总司令部顾问的头衔。由此，杜月笙在仪式上愈加趾高气扬、顾盼自雄，俨然给人一种神圣不可侵犯的气概。奠基仪式从开始到结束的全过程，只有一个小时左右。

杜月笙在上海除了拥有华格臬路上的杜公馆外，而且还拥有杜美路上的一幢豪华的住宅，以及慕尔敏路锦江饭店附近的一幢十八层大楼上的一套居室。这其中，我曾目睹杜美路住宅的建造。

日本投降时，杜月笙在杜美电影院附近选中了一块地皮，大兴土木，建造起一幢精致漂亮的四层楼小洋房。凡是知道内情的人都明白，这幢小洋房与其说是杜氏营造，倒不如说是其门生徒弟、帮会流氓趋炎附势，谀媚奉承而"孝敬"他的。就连房内那一应俱全的中西式家具，杜月笙也未曾破费分文。

这幢洋房造好后，我曾前往采访。从大门进去，登上台阶，经过大厅，便可见到两间大房间。一间陈列摆设的全是中（国）式传统家具，古色古香，诱人萌发思古之幽情；另一间则全是西（洋）式家具，洋味十足，令人耳目一新。

接到佣仆报讯后，杜月笙手提"司的克"，踱着方步，在客厅里接见我。他照例穿着长袍，佝偻着背脊，颦蹙双眉，绷紧面庞。乍一看上去，他好像浑身显得不舒坦。待坐定后，他便与我交谈起来。由于事隔多年，谈话的内容均已忘却。

当我告辞杜月笙，行将跨出杜宅大门之前，瞅准机会，与一名佣仆聊起天来。从他的口中，我得知杜月笙嗜毒成瘾。杜每天起床之前，总要横卧床上抽上几口鸦片烟，然后强打起精神，慢吞吞地下床漱洗。佣仆告诉我说，杜月笙不管是盛夏酷暑，还是三九严寒，一年四季在家从不穿短打或西装，衣着始终保持着传统的民族特色——整整齐齐的一身长袍；倘若出门，便再套上一件马褂，以尽量让衣袖遮盖臂上那蓝色的小铁锚刺花。佣仆还告诉我一条杜月笙给他手下的弟兄门徒、三教九流、帮会流氓定的规矩，即穿短打的一律不准进杜宅大门。

不久，国民党军统特务头子戴笠来到上海，杜月笙随即将杜美路上的这座四层楼洋房让给戴笠，作为其驻沪的办事处。以后，戴记办事处从这座杜氏住宅撤出，杜月笙便又将这幢洋房以 40 多万美元的价钱出售给美国领事馆。

1949 年上海解放前夕，杜月笙急匆匆地包了一艘荷兰轮船，将一家老小，其中包括尚未与之正式结婚的一名女京剧演员孟小冬，以及自己的门徒亲信等安置妥当以后，于 4 月 27 日乘船离开上海赴香港定居。1951 年，杜月笙因病死于香港，终年 64 岁。

杜月笙和"天下第一堂会"

金宝山

海上闻人、青帮大亨杜月笙的招牌有两个：一为杜公馆，算作他的住宅和指挥部；一为杜家祠堂，那是他光耀门庭、显示财力的象征。

为与黄金荣争面子，大修祠堂

杜月笙最初踏入黑社会时为上海黑白两道头面人物黄金荣拎皮包，因能说会道，八面玲珑，得到重用。自立门户后，收门徒上千人，与黄金荣、张啸林并称"上海滩三大亨"。当时有"杜月笙吼一吼，上海滩抖三抖"一说。

1923年，黄金荣在上海漕河泾镇西造了一座私人花园（今桂林公园），大出风头，连国民党首脑蒋介石（曾是黄的门徒）都上门祝贺。杜月笙看在眼里，心绪难平："我造一座大祠堂与他比一比！"1930年，他在出生地浦东高桥镇附近购地50亩，大兴土木，建造杜家祠堂。该祠堂五开间门面，前后三进，祠堂大门口坐踞着一对1.7米高的大石狮，石狮口中含有可转动的石球。祠堂气派十足，举世瞩目，上海无一座祠堂能与之相比。落成那日，杜月笙非常得意。

为了显示显赫家世，杜月笙请国学大师章太炎撰写祠堂碑文。章翻阅杜氏宗谱，只找到他祖辈最有身份的一名穷秀才，地位太低，撑不起荣耀的门面，于是章挖空心思，杜撰了一篇奇文，说杜月笙是西晋将领、学者杜预（号武库）的后裔，同时题匾额"武库世家"，高悬于祠堂大厅内正中上端。

1931年6月，杜月笙满面春风，举行祠堂落成典礼，南北军政界要人、海内名人蒋介石、徐世昌、曹锟、段祺瑞、吴佩孚、张宗昌等均送匾额致贺。上海和各地报刊纷纷报道，轰动全国。

庆祝祠堂落成大搞"京剧名伶大会串"

旧时官宦人家和巨商的老人做寿、子女结婚等喜庆大事，都要在花园里办堂会，请来名角演戏助兴。杜月笙是京戏迷，他的如夫人姚玉兰曾是京剧名伶，办祠堂落成堂会首选演京剧。杜说："要么不办，要办就天下第一。"凡是名气很大的各地名角，他都发出请帖。

当时报载受邀者有"四大名旦"梅兰芳、程艳秋（程砚秋）、尚小云及荀慧生，还有武生泰斗杨小楼、前辈名旦龚云甫、前辈名武生李吉瑞、名老生谭小培与谭富英父子、"四大须生"之一马连良、言菊朋和高庆奎、贯大元、王又宸、萧长华，名小生姜妙香，名净金少山，名丑马富禄与刘斌昆，文武老生苗胜春，"海派京剧"领军人物麒麟童（周信芳）、赵如泉、小杨月楼、高雪樵和正走红的武生新秀李万春等57位三代同堂的演员。其他接到请帖的都欣然赶来，唯余叔岩婉言坚拒。余与梅兰芳、杨小楼齐名，被誉为"菊坛三大魁元"。

杜月笙对余很看重，派专人专程赴京登门去请。余托词不来，使来人下不了台，恼羞成怒，丢下一句话："这次不来，下次也别到上海来演戏了！"言下之意，若来，定叫你演不了戏！余软硬不吃，顶了一句："不来就不来，我不愁没饭吃！"余为何坚拒？一说他确实有病，一说他瞧不起流氓出身的暴发户杜月笙。余叔岩未出席是美中不足，杜月笙耿耿于怀，留下遗憾。

后来，杜月笙娶了余叔岩的得意弟子、女老生孟小冬为妻，孟向他解释老师有病不能南下的原因，他才消除了误会。盖叫天从不唱堂会，也未参加杜祠落成演出。

来宾众多，连杜月笙自己也说没见过

杜家祠堂位于浦东郊外，那时无公交车可达。从高桥江边码头到祠堂，有八华里路程。杜月笙专门修了一条柏油路。

被邀来的来宾和乡邻共有万余人。杜祠演戏前一天，公路上人如蚁群，车水马龙，混乱不堪。杨小楼、程艳秋、姜妙香、王又宸等只好步行，梅兰芳坐独轮小车。不少演员雇人力车，似长龙一般浩浩荡荡前进。

杜公馆备下 15 辆奥司汀轿车和 150 辆人力车接客人，仍嫌不够。第二天，派出一艘客轮，载 2000 人，从黄浦江外滩直驶高桥。航行途中，与一小船相撞。客人上岸后，挤来挤去，有人被汽车撞伤，送进医院。杜月笙抓抓头皮说："我见过很多大场面，从来没有碰见过这样难摆平的问题！"

1931 年 6 月 9 日至 11 日，堂会共进行三天。北方名伶献演，招待来宾，称"内棚演出"。从 10 日开始，另演两日，招待乡亲，由本市伶人高雪憔、小杨月楼等主演。

"内棚"第一天的大轴戏，由梅兰芳、杨小楼、马连良、高庆奎、龚云甫等人联合演出《龙凤呈祥》。最后一天大轴戏是"四大名旦"演出的《五花洞》，另有高庆奎饰张天师、金少山饰包公。送客戏是麒麟童与赵如泉合演的《庆贺黄马褂》。同为大亨的王晓籁、袁履登和天津名票王瘦生也都上台客串。演出结束，宴请万名宾客和乡亲，摆了1200多桌酒席（用八仙桌，八人一桌），堪称"古今天下第一酒宴场面"。

杜祠堂会如过眼烟云，已逝去75年，绝大多数参与者已作古，健在的老人回忆这段往事，仍津津有味地说："杜月笙办的杜祠堂会，那个热闹场面恐怕再也见不到了！它虽是一场闹剧，但见证了京剧艺人大会串的一段历史。"

抗战时期杜月笙在香港

沈立行

　　上海青帮大亨、黑社会头目杜月笙，在 1937 年抗战爆发时，已不仅是个大流氓，势力早就渗透到军、政、金融、黄色工会等各方面，远远超过了黄金荣和张啸林。杜的名字，也早已于 1933 年被列入《大英人名辞典》，称他为"著名的公共福利工作者"了。尤其是杜和蒋介石的关系很深，和戴笠亦为至交，所以，他是国民党控制上海的幕后人物之一。但"八一三"战火烧起后，杜月笙表面上和戴笠一起，全力抗战，实际上内心困惑不解，顾虑重重。眼看上海不保，杜月笙日夜思虑的是如何完整地保存上海黑社会的基础势力，这是他一切的根本。其次，就是自己的政治前途，必须妥帖把定。

　　上海解放后，我曾和杜月笙身边的红客，过去 CC 市党部委员汪曼云，有过短时期特殊工作上的接触。汪是杜月笙的心腹，对杜的一切活动，了如指掌；汪向我讲了不少抗战时杜月笙在香港的活动内幕。我后来证诸史料，汪所言可以信以为实。原来，杜月笙是万不得已，被迫到香港去的。杜不去武汉，也不去重庆，所以要去香港的目的，完全是静观风向，政治投机。杜月笙万变不离其宗，就是要保存在上海的黑社会实力。剥开杜在香港的行为来看，他的翻云覆雨、两面三刀的帮会头子面目，就昭然若揭了。

两手准备，先组武装

"八一三"抗战爆发后，杜月笙就看到这是一场旷日持久的战争，鹿死谁手，很难逆料。杜公馆几次秘密会议后，就决定了做两手准备的策略。首先是和戴笠合作，在上海郊县建立游击武装，必要时可做手下门徒的退路，以便日后东山再起。商量的结果，是在松江、青浦、太仓、昆山等六县，组织"抗日别动队"。除戴笠派人参加外，大部分是杜月笙控制的黄色邮务工会的骨干分子，如陆京士、水祥云、于松乔等，六个支队中有三个支队全是杜月笙的人马。后来，别动队改为"苏浙皖行动委员会"，杜月笙是三个常委之一。这支队伍，再后来就成了戴笠的臭名昭著的"忠义救国军"。

上海沦陷前三天，日本大特务土肥原贤二，曾化装到法租界华格臬路（今宁海路）杜公馆，秘密拜访杜月笙，满脸堆笑地说："杜先生，上海不能没有你。我们打算成立'上海市民协会'，请杜先生出来当会长。"杜月笙暗暗吃惊，但表面上只好答应考虑考虑。等土肥原走后，杜感到大祸临头，立即召开秘密高干会议。可惜杜的高级幕僚杨度死了；章士钊又不在，只能和他的"恒社"门客中的智囊人物陆京士、汪曼云、张克昌等商量。会上一致认为，杜月笙如马上下海当汉奸，不是明智的办法，故应离开上海，留一些人和日方保持关系。杜月笙当即决定去香港。据汪曼云对我说："我就是留下和日伪周旋的一个，还有张克昌，这是杜月笙打的日本牌。所以，我很早就投向李士群，当了汉奸。"当时日本气势正盛，但杜万万不能贸然就当汉奸，要看它几年再说。所以，杜月笙去香港，除和重庆保持密切联系外，就是静观国内外局势的发展，进行政治投机，以定自己的进退。

于是，杜月笙避开日宪的监视，在 1937 年 11 月 12 日，上海沦陷半个月时，秘密乘法轮"阿拉米斯号"到香港去了。他只带了老婆姚玉兰和尚未正式成为小妾的名伶孟小冬。杜派浙江财阀的核心人物徐寄庼为高级代表在上海处理要务；一般在沪事务，统由心腹徐采丞、万墨林办理。

到了香港的杜月笙，立即和重庆戴笠联系。二人合作，用戴的飞机，大做黄金生意，赚来的钱就作为活动经费。当然，杜月笙的心事，戴笠是不知道的。

杜月笙在香港的日子并不好过，因为脱离了上海，他就成了一棵无根的树木了。杜在香港，每天必到"告罗士打"酒店会客，和各种人物见面，以观风向。杜政治投机的主要目的，仍在于保存上海黑社会基础势力。

首先向汪精卫暗送秋波

汪精卫在 1938 年底，发表"艳电"，公开向日本投降。当时，除汪本人在越南河内外，其整个卖国集团人物，如周佛海、梅思平、陈公博、林柏生、高宗武、陶希圣等，均在香港活动，达一年多之久。所以，香港是汪集团最初的发源地。

那时由梅思平、高宗武负责，秘密往来于上海—东京—香港之间，和日本军方频频接触。汪精卫个人，并无万贯家财，日本人也还未向汪提供经济支持，故汪集团手头拮据，捉襟见肘，只能勒紧裤带过日子，生活和活动都十分困难。这些情况，杜月笙统统看在眼里。杜所以注意汪精卫，在于这场战争万一日本胜利，乘此机会雪中送炭，不失是个政治投机的大好机会。

浙江财阀集团的一些头面人物均在香港。杜月笙就和他们密商，准备接济汪精卫。中国的大资产阶级，都有一个致命的弱点，就是在民族存亡关头，总是先要保存自身利益，浙江财阀就是如此，十分害怕中日在东南一带打仗。看到汪精卫甘当汉奸，可能会收拾残局，就和杜月笙的想法不谋而合了。密商的结果，即决定拿出港币50万元，送给汪精卫作为活动经费。

1938年秋，由杜月笙出面，将50万港币，交给高宗武转交周佛海，表示暗中支持汪集团的"和平运动"。高宗武对周佛海说："汪先生勤劳国事，杜月笙知需款甚殷，表示略输微忱，以致敬意。以后如需要，当再奉献。唯求保守秘密，不为外界所知。"

这笔巨款对汪精卫集团来说，无疑是一帖最大的兴奋剂。汪集团当即在香港成立秘密的汉奸组织。首先组成政治、财政、军事三个委员会。政治委员会由汪精卫、陈璧君、陈公博、周佛海、梅思平、陶希圣、高宗武七人组成。从杜月笙处得来的巨款，每人先支取安家费港币五万元。其余的钱，就用来拉拢最早到港投汪的人，如军事上的叶蓬、政治上的周化人等。杜月笙这笔钱，成了汪精卫集团开始卖国的最初活动资本。

后来，杜月笙又陆续支援汪集团近80万港币。当时，戴笠的军统特工，密布香港，但竟未发现杜月笙是个两面派，因杜和汪集团的来往是极度秘密的。

汪、杜之间的绝密联系渠道十分巧妙。汪集团当时在香港设有一家红极一时的"蔚蓝书店"，位于皇后大道华人行六楼，由汪的亲信、《南华日报》社长林柏生负责。书店编辑部的隔壁，就是浙江财阀集团"中国实业银行"驻港办事处。总经理傅沐波和林柏生极熟。所以，这是一处秘密联络据点。双方仅隔一层板壁，只要敲几下暗号，就可以约定洽谈，再由傅沫波转告杜月笙等人。这种活动，直到1939年5月汪精卫集团从香港移到上海，方告停止。

由上可知，杜月笙政治投机的第一个目标就是汪精卫。汪集团得以进行卖国活动，第一个出钱的就是杜月笙。这也是杜到港后所做的第一件大事。

勾搭"76号"，保存上海实力

杜月笙的势力基础在上海。他人在香港，心却在黄浦江畔。

还在1938年，日汪特工李士群就和杜月笙搭上关系了。当时，汪精卫集团还未到达上海，原国民党中统特务李士群已经投降日本，当了汉奸特务。在日特驻沪总领事清水董三的手下搞情报工作。李士群是青帮大流氓季玉卿的徒弟，深知杜月笙虽在香港，但百足之虫，死而不僵，在上海的势力极大，故千方百计，总想和杜搭上关系。也叫无巧不成书，一天，清水董三把李士群叫去，交李一份很厚的材料，封面上写着"杜月笙在上海的势力"。这是杜的门徒张师石背杜投日后所写的，材料详细记载了杜的出身、经历和军政、金融方面的特殊关系，并开列了杜在上海徒子法孙的详细名单，注明特征和地址。如果日本人按图索骥，将这批人一一抓来，杜月笙在上海的社会基础，就会全部消灭。但日本人不想这样做，相反，倒要利用这股帮会势力，使其和李士群合作，得以统治上海。

当时，李士群尚未成立"76号"。清水董三有意培植李的特务机关，以待汪精卫集团的到来，就将张师石的材料交给李士群，命李借此和杜月笙搭上关系。清水对李说："你把这份情报叫人到香港给杜月笙看一看，杜肯定万分感激。此后杜在上海的黑社会势力，即可为我所用。为了证明是张师石的笔迹，可将原件带去，但让杜抄后，一定要带回。"李士群一听，如获至宝，满心欢喜，拿了原件回去，就和已经落水的杜门红客汪曼云商量，要汪带了情报，备份厚礼，亲自去香港面见杜月笙，表示今后可以互相合作照顾，汪曼云自然同意。当时，汪投敌还是秘密的，他的官方身份是国民党上海市党部委员，活动范围只在租界以内。

汪曼云藏好原件和厚礼，就乘英轮"伊丽莎白"号去香港了，这是1938年秋天的事。汪立即见到了杜月笙。汪拿上情报原件和礼品后，对杜说："李士群对杜先生非常敬仰，故用尽心机，从日本人处取得张师石的亲笔原件，专门孝敬杜先生，盼望结为至交。但原件一定要带回，请立即命人赶抄。李士群说，'名单上杜先生的这些人，我已和日本人说好，一律加以保护，绝对安全。'"杜月笙仔细看完情报，除痛骂张师石卖祖求荣外，对李士群从内心表示感激。当即命人将原件拍照，以便日后和逆徒算账。

汪曼云离港前，杜对他说："人家这么重情义，我们也应有所表示。除转达我的谢意外，准备一份厚礼，回送李士群。以后可以多多来往，但要十分秘密，不能让戴笠知道。"汪曼云带了瑞士金表等许多名贵礼品，回到上海，将原件交还李士群。从此以后，杜月笙和"76号"特工机关搭上不可告人的关系，杜的政治投机生涯中，又在日汪方面下了一笔赌注。

以后，杜月笙在上海的徒子法孙，或明或暗都和"76号"有了关系，也得到了保护。汪精卫于1939年5月到上海，将李士群初创的特工机关改为汪记"国民党中央特务委员会特工总部"（即正式的"76号"），成了汪集团的政治保卫机构，一度横行上海，人人谈虎色变，其中就有不少是杜月笙的门客。日本投降后，杜月笙回到上海，他的黑势力可谓原封未动，物归原主，可见杜月笙在香港的两面三刀手法，着实起了作用。

策划高宗武、陶希圣出逃

1940 年初，汪伪集团的核心人物高宗武和陶希圣秘密逃往香港，公布日汪密约。这件轰动一时的大事，就是杜月笙在港一手策划的。杜月笙先和汪集团眉来眼去，往来频繁，但为了自己的政治前途，竟马上掉转身来，在汪精卫的背上猛戳一刀。

高宗武是汪集团直接和日本军方接触的重要代表；陶希圣则一直是汪精卫的亲信心腹。1940 年 1 月 4 日，高、陶带了汪亲笔签字的密约，乘汪伪集团忙着去青岛开会之机，在杜月笙的帮助下，乘"胡佛总统"号轮船，逃往香港，在《大公报》上公布了密约全文，一时震惊中外，使日汪乱了手脚。

1939 年汪精卫集团到上海后，立即带高宗武去东京举行高级谈判。高在此以前，已私自去过东京。高良心未泯，坚持不能在日军占领区内成立伪政府，故已遭到日方厌恶，甚至要伺机杀高。陶希圣则在上海日汪所谓"愚园路谈判"中，激烈反对日本在长江下游三角洲驻兵，也深遭日方之忌。高宗武和杜月笙并不很熟，也没有想到杜能救他出逃。高在日本时，就去长崎找到民国元老、父亲挚友黄溯初。黄想来想去，能在上海有办法又可直达蒋介石的人，只有杜月笙。高宗武一听，拍手叫好说："我怎么没有想到！杜月笙如肯帮忙，那就太好了。"但黄说："我不认识杜月笙，但和杜的高级代表徐寄颐很熟，又是同乡，此事可托徐。"于是，黄溯初专门到了上海，和徐寄颐密谈这件大事。徐知道后立即叫杜月笙在上海的代表徐采丞到香港去，面告杜月笙，并将徐寄颐的亲笔字条交上，字条写着："高宗武决反正，速向渝洽。"杜听到高宗武一事，正是讨好蒋介石的好机会，就在1939年11月5日飞赴重庆，面见蒋介石，当即得到蒋的批准。杜月笙十分高兴地飞回香港，但在飞机上突然发生气喘病，因乘机遭到日本战斗机的拦截，上升到8000米，方告脱险。机中缺氧，杜立即发病。从此，杜月笙得了哮喘病，12年以后，也是在香港，此病终于要了他的命。那已是新中国成立后的事了。

杜月笙在下飞机后，就躺在担架上，叫徐采丞立即打电报到上海，请黄溯初火速来港一谈。等黄来后，杜在病榻上和黄溯初细谈了一个通宵，主要是谈日汪密约的内容。黄早已详详细细写好一份报告，杜看后，觉得有立即给蒋介石过目的必要。杜请黄溯初在香港稍等几天，带病第二次飞赴重庆。这一次一路平安，还带回了蒋介石给高宗武的亲笔信。此时上海方面，杜的亲信徐采丞和万墨林，正尽力保护高宗武，暂时相安无事。

与此同时，汪集团的另一员大将陶希圣，也因得罪日本人而想出逃。高宗武决心救陶，经徐采丞请示杜月笙后，决定高、陶一起出走。

之所以要等到1月4日出逃，因为日汪密约要在1939年12月30日，汪精卫才亲笔签字。高宗武要取得密件，立即拍照，设法归还后，方可动身。一切妥当后，在徐采丞的帮助下，高宗武于1940年1月4日早晨，化装登上美轮"胡佛总统"号；陶希圣则到国际饭店，以访友为名，前门进，后门出，也钻进事先准备好的汽车，安全上了轮船。高宗武、陶希圣到港后，杜在家中设宴接风，国民党中央通讯社社长萧同兹也早已等在那里。1月22日，日汪密约和高、陶的公开信，在香港《大公报》发表。此事轰动世界，影响极为深远。杜月笙的策划完全成功了。

杜月笙大捞政治资本，得到重庆蒋介石的表扬。蒋和戴笠哪里知道，"忠心耿耿"的杜月笙，却在经济上接济汪精卫并正和上海"76

号"勾勾搭搭呢！显然，杜月笙如此出力，并不是为了爱国，而是他善观风色、政治投机的重要一招而已。

据汪曼云说，当汪精卫知道"高陶事件"是杜月笙一手策划后，目瞪口呆，一时说不出话来，只是嗫嚅地反复说："杜月笙不是对我们很好吗？怎么会做出这种翻云覆雨的事来呢？不可思议！不可思议！"

在沪渝特工战中做"老娘舅"

1940 年初虽发生了"高陶事件"，但太平洋战争尚未爆发，中日谁胜谁败，仍在未定之中。所以，杜月笙在向蒋介石频送秋波时，仍要讨好汪精卫。1940 年 3 月 30 日，汪伪政府在南京成立，杜就派心腹张克昌参加，担任伪社会部次长、伪中央政治委员会社会委员会委员，和"76 号"李士群保持密切联系。这是杜公馆智囊团早已决定了的人事对策，在汪精卫处打汪曼云、张克昌这两张牌；在蒋介石方面就推出陆京士。为了"高陶事件"，张克昌曾专门见了汪精卫，胡说是重庆硬逼杜月笙干的。张说："杜先生实在没有办法，务必谅解。"

1941 年 1 月，汪伪政府发行伪钞"中储券"（简称 CRB），目的是要将重庆的法币，挤出沦陷区。这对蒋介石无疑是极为沉重的打击，就密令军统采取措施。戴笠当即电令军统上海区区长陈恭澍，采取武力暗杀的手段，企图遏制伪钞的发行。军统特工首先发难，汪伪"76 号"立即还击，一时形成了一场历史上从未有过的刀光剑影、腥风血雨的金融特工战。

先是戴笠的特工，频频刺杀汪伪中储银行的人员；接着就是"76号"的大规模报复。1941 年 1 月 31 日深夜，大批"76 号"特工闯入霞飞路（今淮海路）1411 弄 10 号重庆"中国农民银行"驻沪机构的宿舍，疯狂枪杀无辜职工 11 人。然后立即洗劫了重庆"中央""中国"

"交通"等银行的职工宿舍"中行别业"，逮捕 100 多人，关进"76号"，作为人质，声称重庆再杀"中储"一人，立即枪毙人质三名。"76号"又将重庆"中央银行"在上海两个办事处，一起炸上了天。这样一来，军统又接连暗杀汪伪银行人员，"76号"倒"恪遵诺言"，你杀一人，枪决人质三名。这场特工战，不仅死伤累累，震动上海，就连杀人魔王戴笠和李士群也感到有些寒心了。军统上海区区长陈恭澍，力劝戴笠暂停暗杀，戴就想到，叫香港的杜月笙出面调解。事正凑巧，上海方面，周佛海和李士群也感到这样杀下去不是办法，竟和戴笠不谋而合，想到了杜月笙。虽然杜一手制造了"高陶事件"，好在表面上未撕破脸皮，此事非杜出场不可。当时，汪曼云已公开任伪农矿部次长，再去香港诸多不便。经再三商量，汪曼云去找徐采丞，决定由杜的另一个心腹高兰生，携带厚礼，专程去香港，请杜月笙出面，调解停战。

高兰生到港后见到杜月笙，说明原委。杜正因哮喘，卧病在床，对高说："我帮了高宗武的忙，汪精卫不恨吗?"高说："周佛海叫我告诉杜先生，事已过去，不必再提了，何况杜先生也肯定有难处。"杜月笙听后笑笑。暗忖：左右逢源，两不得罪，真是何乐而不为。

上海的金融血腥特工战，杜月笙当然是知道的。现在既然沪渝双方都瞩望他出面调停，又是一个讨好蒋、汪的机会。自己生病，不能去重庆。好在和戴笠是至交，就去电报将戴请到香港。杜月笙对戴笠说："雨农兄只顾暗杀，但在上海，你怎么杀得过日本人和汉奸特工呢! 我看还是暂时停战的好。"戴笠一直想收服李士群，就说："月笙兄，我同意停战，但你能不能将李士群拉到我这面来?"杜听后叹了口气说："我尽力而为吧。事情十分复杂，要下功夫才行啊!"于是，通过杜月笙，"76号"和戴笠达成口头协议，双方停战 6 个月，上海滩暂时平静下来了。杜月笙又做了一起政治投机生意。

高兰生回上海后，向李士群转达了杜月笙和戴笠的意见。李士群哈哈大笑说："戴老板竟看中我了，天晓得！"李士群是知道戴笠心狠手辣的，哪里会跟戴走。不到6个月，在1941年11月，"76号"就将庞大的军统上海区全部破获，区长陈恭澍也被捕投敌。戴笠在上海的武力血本，被"76号"一扫而空，从此以后，要杀也杀不成了。

杜月笙隔山观虎斗，自然不管这些事。太平洋战争发生前杜月笙在香港这段时间，除金融特工战外，还调解过不少事情，几乎成了"76号"和戴笠间的一座桥梁。杜既做了两面风光的"老娘舅"，又讨好了双方。他仍然在看风云变幻，以此决定自己的一切。

直到1941年12月8日太平洋战争爆发，日军进攻香港，杜月笙知道日本将最终战败，就举家乘飞机去了重庆，不必再观风投机了。从此，和汪精卫集团的来往冷了下来，但和"76号"仍保持一定联系，目的是保存上海的实力。他本人则跟了戴笠，从一而终。

王亚樵与杜月笙的一次较量

怀　然

提起杜月笙，几乎是无人不知。他在旧上海滩的流氓帮会中，是个首屈一指的人物，势力遍布上海滩的各行各业，不要说一般老百姓不敢惹，就是国民党政府的达官贵人，对他也不敢稍加怠慢。但有一个人，却使杜伤透脑筋，甚至不得不委曲求全，以求相安无事。这个人，就是当时在上海滩名声颇著的安徽帮首领——王亚樵。

王亚樵，安徽合肥（今肥东县）人，生于1889年，童年就读于村塾，曾参加科考未中。清朝末年，王在合肥地区从事反清活动，后遭通缉，逃亡上海。他秉性倔强，好打抱不平，与人交往极重义气，素有"上海滩上的小孟尝"之称。他在上海领导的"安徽帮"，有数万名工人，并养有亡命之徒，组织了有名的"斧头党"。在20世纪二三十年代的上海地区，王亚樵堪称一霸，其他帮会首领都对他有所忌惮。

1929年，南京国民政府接收了上海轮船招商局，委派赵铁桥为招商局督办。该招商局始建于1873年（同治十二年），由李鸿章向清政府借银70万两，令朱其昂拟章试办，是清末最早设立的轮船航运企业。它名为商办，实为官商合办，大权归官方掌握。因管理混乱，加之帝国主义在华航运势力的排挤，一直难以维持。1885 年，盛宣怀奉命整顿，由"官商合办"改为"官督商办"，实际上成了李鸿章、曾国藩、盛宣怀三家所有。1924 年，李鸿章长孙李国杰（字伟侯）任招商局董事长，大权仍掌握在李氏手上。1929 年，赵铁桥接手招商局后，进行了彻底的人事变动。李虽仍为董事长，却徒有虚名，大权全由赵掌握，李对此非常不满。况招商局几十年来一直为李家独占，岂肯拱手让与他人。于是，通过在沪的安徽名流李次山、关云农的关系，找到王亚樵，许以重金，请王设法把赵铁桥干掉。并答应事成之后，将招商局最大的轮船"江安"号的用人权及营业收入归王所有。王满口答应，遂于 1930 年 7 月 24 日上午，指使党徒王干庭、牛安如、夏绍恩等人，在上海十六铺轮船招商局的大门口，将赵击毙。

赵铁桥死后，李国杰并没有立即夺回招商局的管理权，直到 1932 年，陈铭枢当了交通部长，李国杰通过李少川的关系（陈与李少川系保定军校同窗老友），才被委为招商局的总经理。李实践前诺，将"江安"号交给王亚樵使用。但王手下没有一个能够担任轮船经理的人，只好请"江安"号的前任经理卓志钺出任。此时，"江安"号的现任经理叫张延龄，是张啸林的本家侄子，也是杜月笙的门徒。张仗此关系，拒不交卸，并请杜月笙、张啸林为其撑腰。杜乃向李国杰转圜，改给"江华"号（"江华"号也是特号大轮）。但卓志钺不愿意，说要干就干"江安"号，其他轮船不干。原因是现任"江安"轮经理张延龄，是从他手里把经理职务拿去的，他干不干经理无所谓，目的在于赎回面子。这样双方就僵持住了。

一天夜里，王亚樵派人把张啸林住宅的后院墙炸了一个窟窿，以示警告。张很害怕，杜月笙也觉得此事不太好办，表示不再过问。后来，张延龄又以船上生财问题为借口，仍不交卸。王亚樵遂又指使徒众三四百人，手执小斧头，簇拥着卓志钺登上"江安"轮，硬逼着张延龄交卸。张见情势不妙，立即跑到杜月笙家诉苦。杜却厉声斥责张延龄，要他立即交卸，生财问题将来再说。据说张延龄走到房门口时，还小声嘀咕："先生要我交，我还是不交。"杜月笙听到此话，一直追到门外对张说："混蛋！你要不交，从此便不许你再进我这道门槛。"张无奈，只得含泪把船交给了王亚樵。

事后，有人问王亚樵："假如杜月笙和张啸林也采取同样的手段，码头上岂不要发生流血事件吗？"王答："绝对不会，事前我已想好了。要知道，杜月笙、张啸林都是小老婆几个、洋房几幢、财产几百万的人。一个人有了这些东西，就没有勇气同人打明仗，这是他们的弱点所在。我已准备好，如果这次他仍不交卸，我就把'江安'号给炸掉，大家都不要。我就不信他杜月笙能主宰上海滩上的一切，别人怕他，我偏要同他争一争。"当时，上海的海轮、江轮买办十之八九为杜掌握，王亚樵欲与之平分，杜对此大感棘手。最后，经过磋商和较量，不得不把海轮买办让出十分之六七，江轮买办让出十分之二三。王亦鉴于杜的实力雄厚，适可而止。

1932 年，王亚樵因刺宋子文案发，被悬赏通缉，逃到香港。在此期间，王亚樵又同杜月笙进行了一次较量。事情的起因是这样的：杜月笙有一门徒，叫孙绍民。他在上海浦东私设了一个制造吗啡的地下工厂，因与其中一职员发生矛盾，意欲开除，但又恐其泄露秘密，竟将该职员毒死。事为其家属知悉，即向司法机关提出控告，结果，家属也被暗害。此事被王亚樵知道后，非常气愤，乃写信给杜月笙询问根由。杜未做答复。王遂再函杜月笙说："你放任门人草菅人命，毫无人道，吾当小试牛刀，以为惩戒。"此信一发，王已有杀杜之意。杜接此书，非常恐惧。他虽说在上海势力很大，但素知王亚樵敢作敢为，曾主持过许多暗杀事件，有"暗杀党领袖"之称。于是，杜立即请人设法疏解。时王亚樵避居香港，行居无定，无法取得联系。杜无奈找到许世英，请许从中斡旋。许世英即派同乡王某去港找王亚樵调解杜事，并捎去他致王亚樵的亲笔信，说明杜对王并无恶意，何必做此无谓之争。王亚樵因在潦倒时，曾经朋友之手接受过杜的接济，又碍于许世英的面子，即打消了杀杜之意。这样，一场风波方才平息下来。

王亚樵其人其事

叶云明

20 世纪 20 年代末 30 年代初，是我国灾难深重的年代。内战频仍，民怨沸腾。在此期间，连续发生了许多震惊朝野的重大事件：蒋介石在庐山遇刺几乎丧命，汪精卫在国民党中央全会会场被刺成重伤，日本侵略军白川大将被炸得血肉模糊……国民党要员心惊胆战，谈虎色变；戴笠屡次被蒋严词训斥，限期破案。这些事件都是上海滩"斧头党"首领王亚樵策划和组织的。起义将领沈醉当时在"军统"任职，曾经与王周旋，对他比较了解。他认为：王亚樵是"主张反蒋抗日救国"的，他"希图通过暗杀来震动社会，促使变革"。"他的行动的确使蒋介石感到害怕。那个时候连蒋介石、戴笠都怕的人，是值得写入历史的。"

1911 年，合肥。辛亥革命爆发后，王亚樵积极投身革命。乡人说他胸有谋略，"一步十计"。

王亚樵，字九光，别字擎宇，1889 年出生于安徽合肥北乡一个农民家庭。幼年入塾，略通经史。成年后，能文善言，胸有谋略，有人说他"一步十计"；又能行侠仗义，在家乡颇有声望。1908 年受革命思潮影响，组织"正气学社"密谋反清。

1911 年辛亥革命爆发，王亚樵积极响应。他邀集一些倾向革命的同志准备成立庐州军政分府。当时苦于缺乏经费，有人提议叫"李府"（李鸿章家族）总管刘东山交出合肥的一些主要典当和钱庄，作为军费来源，大家一致同意。于是，一部分人去乡间动员民众，建立武装，另一部分人则去责令刘东山交出典当和钱庄。孰料这时同盟会上海总部已派同盟会员孙万乘（字品骖）到合肥组织庐州军政分府，他也准备没收李府财产作为军费来源。当孙得知王亚樵等已经采取行动后，十分恼怒。他以为是一些地痞流氓趁火打劫，在未曾问明原委的情况下即顿生杀机，传令当晚请王亚樵等人来府赴宴。那天王亚樵恰巧去乡间办事，王的几个助手李元甫、王传柱、李小乙等赶到军政分府，一进大门，即遭枪杀。王闻讯连夜避往全椒，直到民国成立，清帝退位，王亚樵才从全椒乘一叶扁舟，经芜湖前往南京。二次革命失败后，孙万乘亡命上海，王亚樵的左右主张杀孙报仇，王亚樵却认为都是革命同志，不应同室操戈，对孙设宴招待，并给以资助，人们赞扬王有侠士之风。

1912—1920 年，王亚樵继续进行了许多革命活动。如后来由柏文蔚引荐在上海晋见孙中山，并加入中华革命党；1917 年南下广州参加孙中山领导的护法运动，后任南北议和的南方代表；1919 年在上海发动学生、工人游行示威，罢课、罢工，响应五四运动；1920 年到安庆组织各界反对安徽督军张文生的运动。

1921 年，上海。王亚樵领导的"斧头党"崭露头角，锐不可当。杜月笙告诫其徒众：遇到王亚樵的人，要让他三分。

1921 年王亚樵来到上海，投奔柏文蔚、李少川、关芸农等皖籍名流，受到他们的器重并给予资助。不久，他同马俊超等组织了"安徽旅沪劳工工会"，号召皖籍劳工参加工会，工会则维护皖籍工人的权益。在沪的皖籍劳工，大多是黄泛区历年逃难到上海的穷苦农民，他们在沪饱受资本家的压榨和地痞流氓的欺凌，现在能有一个组织为自己撑腰，完全符合大家的愿望，因而踊跃参加工会，不到三个月时间，竟拥有会员万人以上。王亚樵所得会费甚巨，他不入自己腰包，而是用于供给门徒的生活费用。同时，王亚樵认为"得人钱财，与人消灾"，只要听说哪个工人受到别人欺凌，他马上就叫其门徒去找人评理、出气。但是，当年的"十里洋场"何等复杂，上海滩上的黑社会岂能容忍外籍人在此"占码头、打天下"，因而有几次王亚樵的门徒被人家打得头破血流。王亚樵在盛怒之下，叫人找铁匠定打了百余把利斧，挑选百名身强体壮、勇猛异常的门徒，组成了一个"斧头队"。哪里有人敢于欺侮王亚樵的门徒及皖籍劳工，王亚樵一声令下，斧头队即勇猛冲出砍杀，其势锐不可当。经过几次冲杀，"斧头党"在上海出了名，就连黄金荣、杜月笙也得让其三分。他们告诫其门徒说："王亚樵的斧头党是一伙亡命之徒，千万不要与之争斗。"从此，王亚樵在上海滩有了立足之地，不久他就成了"上海劳工总会"的领袖，会员 10 万余人，学生和门徒也增加至数千人。

王亚樵有着非凡的组织能力，面对这样一支庞大队伍和纷繁复杂的内部、外部环境，他胸有成竹，指挥若定，办事井然有序。他对自己的门徒有着严密的组织和严格的纪律，不准他们在外惹是生非。他聘请了著名的李次山大律师为总工会的法律顾问，使"斧头党"能运用法律保护自己。他还挑选门徒中精通文墨的人，组织一个"公平通讯社"，作为自己的喉舌，扩大总工会的影响。

不久，王亚樵又推动改组了"安徽旅沪同乡会"，推举柏文蔚为会长，王亚樵实际负责。通过这一组织他进一步接近皖籍在沪名流，与政界取得联系。他在皖籍名流李少川公馆结识了来沪避难的陈铭枢，二人一见如故，结成莫逆之交。从此，他与国民党西南派一直保持密切的联系。这以后他的活动带有浓厚的政治色彩，虽然也做过一些错事，但基本的方面是"反蒋抗日"。

1923 年他参与了直皖军阀的争斗，指挥门徒刺杀了直系军阀淞沪警察厅厅长徐国梁，接受了皖系军阀浙江都督卢永祥的重金和"浙江纵队司令"头衔，次年齐卢大战爆发，卢永祥战败下野，王亚樵只身回沪匿居。

1926 年，他奔赴广州，被委任为安徽副宣慰使，回到安徽策动兵变，事泄，被安徽军阀陈调元围困在洪泽湖达数月之久，直到 1927 年北伐军挺进苏皖，他才率部返回沪上。1927 年王亚樵以全国工人代表名义出席南京国民政府成立大会。当时，他对蒋介石已经背叛革命的面目还认识不清，在南京中山公园举行的奠都大典上，依旧大讲孙中山的"联俄、联共、扶助农工"三大政策。会后陈铭枢即警告他已惹下大祸，要他加倍小心。果然次日凌晨就来了七八个警察逮捕王亚樵，王及其门徒与之格斗后逃散，后在陈铭枢的掩护下，才离开南京，回到上海，从此他坚定了反蒋的决心。

1930 年，庐山。王亚樵的部属陈成举枪袭击蒋介石，未中，旋被蒋的卫士击毙。蒋说："把他埋了，不要声张。"

1931 年春天，蒋介石将胡汉民软禁于南京汤山，直到"九一八"事变后才获释。胡汉民这位当年曾被称为孙中山幕下明星的国民党元老，竟被他的晚辈蒋介石软禁达数月之久，怎不令他义愤填膺。以胡汉民为首的西南派人士筹集 20 万元巨款，托李少川游说王亚樵杀蒋。

一天晚上，上海蒲柏路大华公寓二楼的密室里，王亚樵、华克之、郑抱真、孙凤鸣、陈成等 20 余人正聚精会神地筹划刺蒋方案。在大家充分发表意见后，王亚樵决定：郑抱真带十余人去南京，住在仙鹤街余立奎的住宅内（他家住房很宽敞），伺机进行刺蒋；华克之带领十余人化装成游客去庐山，相机刺蒋。由于当时沿途关卡很多，特别是上海码头和九江码头搜查甚严，枪械无法携带。对此王亚樵想了很多办法，最后确定买来十只一级金华火腿，用利刀剖成两片并把当中挖空，再把枪支拆开，将零件和弹药用油纸包好，放入火腿空间，然后再用针线缝好，涂上薄薄一层盐泥。等枪械安置停当后，王亚樵叫他的夫人王亚瑛和她的表弟媳妇乔装成阔太太的模样，由两个部属扮成伙计，分别随同她们前往庐山。一路上他们神情安详，毫无破绽，敌人以为是阔太太上山游览并向权贵赠送贵重礼物，一路放行，顺利地将武器弹药送到华克之等人下榻的"庐山新旅社"。华克之等人一接到武器，立即扮成游客模样，分散在蒋介石可能经过的地方，密切注视着蒋的行踪。

1931 年 6 月的一天上午，行动组员陈成扮成游客正坐在山边一株大树下歇息、抽烟，忽然看到远处崎岖的山路上，蒋介石正坐在一副滑竿上，悠悠地从山上下来。一群卫士手提枪支在滑竿前后护卫。陈成原想等蒋走近一些再开枪，不料走在前面为蒋开路的一个卫士，快要走到陈成的隐身之处。陈成只好跳到路上，举枪对滑竿上的蒋介石射击，子弹从蒋的耳边飞过，他还想开枪，蒋的卫士已一齐向他开火，陈成应声倒地。蒋介石被枪声吓得魂不附体，见刺客已死，即伪装镇静地将手一挥，示意继续前进。留下几个卫士将陈成身上搜索一遍，结果发现除手枪以外，别无他物。卫士向蒋报告后，蒋说："把他埋了，不要声张。"陈成死后，王亚樵对其家属给予优厚抚恤，同时预料此举之后，蒋必加强警戒，遂叫南京、庐山两组撤回上海。

1931 年，上海。王亚樵部署在沪站狙击宋子文。宋说："当时乱枪从四面八方打过来。"

宋子文是蒋的财政部长，又是蒋的妻舅，是蒋氏集团的核心人物之一。当时有"蒋家天下陈家党，宋氏一门三部长"之说。宋子文从财政方面助纣为虐，维护蒋的反动统治。因此，王亚樵谋蒋不成，转而刺宋，倘能得手，既可诫蒋，又可为陈成报仇。于是在宁、沪分设两个小组，周密部署了刺宋的行动。

1931 年 7 月 22 日，宋子文乘坐专车离宁驶沪，南京组负责人华克之立即向王亚樵发出电报："康叔（指宋）乘夜车赴沪，明晨准到，望往迎勿误。"王接报后，即派上海组组员按原定部署分别进入阵地，准备战斗。23 日上午 8 时，宋的专车抵达上海北站。尽管站台上岗哨林立、警戒森严，王亚樵的部属却均已各就各位，密切注视车厢门口。车停稳后，宋子文在其秘书唐腴胪的陪同下，缓步走下车来，在众人簇拥下走出站台。这时埋伏在候车室的第二战斗小组组长龚春蒲发出"准备伏击"的命令。这天宋子文和秘书唐腴胪都穿的一身白哔叽西服，戴白色拿破仑式帽子。唐夹皮包走在前面，宋空手随后。行动组组长刘刚以为走在前面的是宋子文，便向唐开枪，其他组员也随之向唐开枪。唐应声倒地。宋的卫士当即反击，并掩护宋躲避在一根大柱子的后面。这时车站警笛狂鸣，秩序大乱，旅客争先恐后奔向出口。龚春蒲以为得手，便投出两枚烟幕弹，顿时整个月台和出站口烟雾弥漫。行动组人员借着烟雾的掩护，安然撤出车站。在撤出时，顺手将预先印好的传单撒出。传单在揭露宋的劣迹之后说：我们同宋并无个人恩怨，只是执行人民公意，为国锄奸，为民除害。刺宋案发，国民党军警机关侦骑四出，但一无所获。

1932 年，上海。王亚樵组织"铁血锄奸团"参加淞沪抗战。团员胡阿毛驾驶日军军车冲进黄浦江，王亚樵挥泪诵读祭文。

1932 年初日军对华蓄意挑衅，1 月 28 日我方驻沪的十九路军奋起反击，第一次淞沪抗战爆发。十九路军的正义行动，受到上海乃至全国军民的热烈拥护和强有力的支援。王亚樵也以满腔热忱积极投入抗击日军的斗争。他以卓越的组织才能，在几天之内就组织了一支有万余工人参加的义勇军（后改为十九路军补充团），由余立奎任司令，直接配合十九路军作战。自己则组织了一支专门锄杀日军、汉奸的"铁血锄奸团"，并采取多种形式支援我军，打击敌人。那时，日军停泊在浦东江边的一些军舰常向我军阵地轰击，使我军受到伤亡。为首的是日军最高指挥官白川大将所在的"出云"旗舰。炸毁"出云"舰，就能击中敌人要害。王亚樵、余立奎经过计议，很快从高昌庙兵工厂取得 500 磅鱼雷一枚，又找到两名能在海洋中沉浮几天几夜、水性极好的革命志士（他们有"水鬼"的绰号）在高昌庙附近跳入寒冷刺骨的海水，二人轮流手推鱼雷十余里，在抵达"出云"舰不远处，将鱼雷发射。一声巨响之后，"出云"舰被震得东摇西晃，舰上日军极为恐慌。可惜鱼雷的爆炸力有限，加之"出云"舰底布了钢网，鱼雷不能同舰底直接接触，所以未能将舰炸沉，然而已在精神上给敌人以沉重的打击。

"铁血锄奸团"不断传出同日军奋战的英勇事迹。曾经为王亚樵开过车的司机胡阿毛，1932 年 2 月 26 日在执行任务时被日军截获，强迫他把一辆满载军火的大卡车开到日军阵地。胡阿毛佯装应允，当他驾车驶至黄浦江边时，突然加足马力，调转车头，将一车军火连同押车的日军一齐埋葬于波涛滚滚的黄浦江中。胡阿毛壮烈牺牲后，各界人士举行了隆重的公祭大会，王亚樵亲诵自撰的祭文，泪流满面，泣不成声。其祭文为：

> 阿毛阿毛，泉台相望。哀哀孤儿，戚戚惶惶。
>
> 铁臂锄奸，赤胆心肠。一门孤苦，冥冥无疆！
>
> 飞车黄浦，杀倭身亡。哭居西台，酹酒一觞。
>
> 春秋义名，忠国何伤！忠毅阁部，史册传芳。
>
> 哭君弱冠，妻别离肠。八荒有感，魂梦西厢。
>
> 慈母倚闾，血泪沾裳！君胄有灵，享蒸尝。

1932 年，上海。日酋白川大将在他召开的"祝捷大会"上被王亚樵及朝鲜革命志士预置的定时炸弹炸得血肉模糊。

1932 年淞沪抗战，由于蒋介石消极应付，十九路军在孤立无援的情况下，为了避免被敌军包围，不得已撤至嘉定、黄渡一线。国民党政府被迫签署了丧权辱国的《淞沪停战协定》。

日本侵略者兴高采烈。他们决定在"天长节"日本天皇诞生之日，在上海日租界虹口公园举行盛大的"祝捷"大会。日军侵略了中国，还要在中国的国土上"祝捷"。消息传来，人们义愤填膺。王亚樵顿足发誓：一定要干掉白川！此时京沪卫戍总司令、十九路军最高长官陈铭枢也怒不可遏地来到上海，邀请王亚樵密商破坏日军的"祝捷"大会事宜。王亚樵回来当即召集其弟王述樵商议。鉴于日军规定："祝捷"大会只许日本人和朝鲜人参加，中国人一概不准入内，因此，他们就邀请在沪的朝鲜独立党党人安昌浩担此重任。安昌浩有亡国之恨，多年来一直从事反日活动。当王亚樵提出弹炸白川的任务时，他毫不犹豫地答应了。次日，王亚樵即叫王述樵送去一枚体积小、威力大、携带方便的定时炸弹，同时，还送去4万元活动经费。安昌浩接受任务后，连夜在他的寓所霞飞路宝康里40号召集他领导的朝鲜革命志士尹奉吉、金天山、安昌杰秘密商量了周密的行动方案。

4月29日上午，虹口公园张灯结彩，许多日本侨民和朝鲜人身着盛装，带着干粮、水瓶纷纷向会场集中。尹奉吉身穿和服，提着装有炸弹的大热水瓶，同金天山、安昌杰一道昂首走进会场。金、安两人进场后即在左右两侧的最后座位坐下，以便策应。尹奉吉则大摇大摆地带着水瓶径直走到讲台前面，顺手把热水瓶放在讲台下面，返身坐在第一排座位上。过了不久，会场里已陆陆续续地坐满了人。日本侵华军总司令白川大将、日驻华公使重光葵等20余名高级官员也在讲台上依次入座。这时，尹奉吉走到主席台前装作倒开水的样子，把水瓶里定时炸弹的开关扭开。随即悄悄地离开会场，金天山、安昌杰遥看尹奉吉已经得手，也迅即离开会场。两分钟后，正当白川声嘶力竭地狂叫的时候，讲台下突然迸发出一声惊天动地的巨响，随着这声巨响，讲台猛塌，血肉横飞，白川被炸得血肉模糊，奄奄一息，三天后毙命，重光葵被炸断一条腿，其他十几个日本人死的死、伤的伤。当时，台上、台下，哭声、惊叫声、呻吟声响成一片，白川的"祝捷"大会成了哭丧大会。消息传来，大快人心，上海人民奔走相告。国民党政府也叫戴笠派胡抱一给王亚樵送去 4 万元奖金。王即把这笔钱转交给安昌浩，并叫人在圣母院路庆顺里买下了"公道印书社"，让安昌浩及其战友作为栖身糊口之所。事后不久，安昌浩及其同志先后被捕，受尽酷刑，但始终未供出王亚樵，日本人也无法向中国提出抗议。

1933 年，上海。蒋介石以高官厚禄对王"招安"不成，悬赏百万捕杀王亚樵。王却行踪飘忽，神出鬼没。

"一·二八"淞沪抗战前后，王亚樵奋战前线，炸敌舰、杀日酋，声望日高。蒋介石先后派戴笠、胡宗南、胡抱一、杨虎等人来沪，许以省政府委员、厅长和中将高位和巨额钱财，要王亚樵"归顺"蒋介石，条件是"向西南反蒋派打一枪，以示诚意"。王亚樵愤然回答：我王亚樵绝不做这种卖友求荣的不义之事。他在致戴笠的信中进一步表示："如执政当局苟能改变国策，从而停内战，释私怨，精诚团结，共赴国难，亚樵当只身抵阙，负荆谢罪……否则誓与周旋到底，悬首国门，又何足惜。"表现了以国家利益为重的拳拳爱国之心。

蒋介石见收买无效，加之在此前发生了使他大为震怒的两件事：一是蒋介石调集数以百万计的军队"围剿"红军，军费开支浩大，遂以安徽为试点，用"米照捐"的名义，加紧向人民搜刮，王亚樵则发动了轰轰烈烈的反"米照捐"运动，迫使南京政府明令撤销。二是"九一八"事变，日本侵占我国大片国土，蒋介石下令不准抵抗，求助于国际联盟，1932 年秋"国联"派英人李顿为团长的调查团来华，竟发表"东北原是满洲国，不一定属于中国版图"等谰言，引起我举国反对，王亚樵激于义愤，做出了刺杀李顿的部署，后为李少川劝阻，但事已为蒋所侦知。由此，蒋下定捕杀王亚樵的决心，悬赏百万，买王的人头。

按照蒋的旨意，戴笠调动大批"军统"特务进入租界，警探密布；

加之重赏之下，必有见利忘义之徒告密，王亚樵周围险象环生。但是，王亚樵倚仗他建立的严密组织和自己的机智勇敢，步步设防，其行踪飘忽不定，神出鬼没，使国民党军警累次扑空，举止无措：

——军统接到密告，王亚樵藏匿于姚主教路刘公馆内，军警百余人飞车奔袭，将刘公馆团团围住，破门而入，冲进王藏匿的卧室，发现被窝里尚有暖气，床上还遗下一件羊皮袍，却已人去楼空。原来王亚樵极其机警，闻警后迅速越窗登屋而去。

——军统侦知王亚樵夫妇潜居赫法路赫法里楼上，军警迅速封锁里弄口。王妻王亚瑛买菜回来，镇定地帮王换上女装，扎上头巾，化装成一个娘姨，手提菜篮，从里弄口军警林立中从容逸去。

——一次王亚樵暂避至一个老友家中，进门碰到两个多年不见，政治面目不清的熟人。他随即掏出手枪，礼貌地请他们暂勿走动，否则"出了事大家都不好看"。待接应他的人赶到后，迅速撤出转移到秘密地点；深夜，他又头戴钢盔，身着消防队员服装，乘一辆消防车转移到另一秘密地点。

上海许多报纸对王亚樵神出鬼没大加渲染，说他练就一身轻功，身轻似燕，飞檐走壁，如履平地。王亚樵见了哑然失笑。

由于戴笠率领大批军警昼夜追捕，王亚樵在上海难以存身，遂于1933年10月去福州，住引壁巷4号。同年11月20日，十九路军将领蒋光鼐、蔡廷锴联合李济深、陈铭枢在福州发动福建事变，宣布成立了"中华共和国人民政府"。王亚樵积极参与这次事变，不久闽变失败，王亚樵出走香港。在港时他与陈铭枢、华克之、郑抱真等多次密谋刺蒋，终于促成了轰动全国的刺汪案。

　　1935 年，南京。汪精卫在国民党全会会场被刺成重伤，全国震动，蒋汪矛盾加剧。陈璧君误认由蒋策划，大哭大叫：蒋先生何必下此毒手……

　　1935 年 11 月 1 日，国民党召开的六中全会开幕，简短的开幕式后，各中委齐集第一会议厅的门前摄影。蒋介石见会场秩序很乱，借口身体不适未参加，汪精卫站在正中的位置摄影。镁光灯刚刚闪动，记者群中猛然冲出一个身材不高却极英俊的青年，拔出手枪，向汪连连射击，汪应声倒地。后来诊断结果：汪中三弹，一在左颧部位，一在上臂，这两弹均非要害；又一弹从背部射入，斜卡于第六胸脊骨左旁（此弹一直存在汪的体内）。顿时，会场大乱。张继冲上去拦腰把刺客抱住，刺客手中的枪被击落在地。几个卫士对这个青年举枪射击，他当即倒在血泊之中。

　　枪声响后，蒋介石和汪精卫的妻子陈璧君相继从礼堂内奔出，蒋从血泊中扶起汪精卫，他面色苍白，紧闭双目。陈璧君见照相时蒋介石未到场，便疑心此事是蒋所策划，顿时呼天抢地，大哭大叫："蒋先生，你不叫兆铭干就讲明好了，何必下此毒手？"当着众中委的面，蒋介石无言以对，十分尴尬。接着众人把汪精卫和刺客分别抬送医院进行抢救。

　　这一起轰动全国的刺汪案是王亚樵精心策划的。他根据李济深、陈铭枢等反蒋派的决策，找华克之、余立奎、孙凤鸣等人商讨了具体方案。他们请胡汉民出面在南京申请办起一家名叫"晨光"的通讯社。由华克之任社长，张玉华、贺坡光、孙凤鸣三人充当采访记者。在国民党六中全会召开的前 10 天，华克之由香港赶回南京，按照王亚樵的意图，部署了这次刺杀活动，孙凤鸣志愿执行任务。在义举的前一天晚上，大家于晨光通讯社的小阁楼上为孙凤鸣摆酒饯行，席间充满了"风萧萧兮易水寒，壮士一去兮不复还"的悲壮气氛。

11月1日孙凤鸣胸前挂着记者出入证昂首阔步进入会场，他见蒋介石未出场，就按第二方案，英勇地冲出枪击汪精卫。与此同时，他也被卫兵击成重伤，当他被抬到医院后，从他身上只搜出毫洋六角。孙凤鸣因流血过多，送医院后已濒临死亡。但主事者急于要从他口中追出幕后主使者，不但不进行急救手术和治疗，相反在他生命垂危之际，仍残酷地进行逼供，几乎不让他有片刻喘息，直至其死亡。但他们想要得到的东西，一点也未得到。孙凤鸣留下掷地有声的语言，却充分反映了这位爱国志士的高尚情怀。当敌人问"为什么要对汪院长行刺"时，孙答："请你看看地图，整个东北和华北那半个中国还是我们的吗？"敌人又问："为什么现在行刺？"孙答："六中全会开完就要签字（指华北方面有关丧权辱国的条约、协定等），再不打，要亡国，做亡国奴了。"敌人又问："你的行动是什么立场？"孙答："我是完全站在老百姓的地位。"1939年元旦，冯玉祥将军在国民党中央委员团拜后的一次会议上曾感慨地说："姓孙的青年真可佩服……我们应该为姓孙的铸一个铜像，来纪念他。"

蒋介石在刺汪案后，当众受到陈璧君的奚落，又有口难辩。第二天，李宗仁、白崇禧又打来电报询问此事，词语间有问罪之势。蒋介石万分恼火，立刻把戴笠传来，大发雷霆，限三天之内把凶手缉获，"否则要你的脑袋"。

戴笠慌忙进行部署缉拿凶手的工作。很快他们侦出晨光通讯社确实受王亚樵的指导和资助，于是他们把捉人的魔爪伸向香港，用60万元港币，通过港方将居住在香港的前十九路军补充团团长余立奎、炊事员胡大海、海员周世平逮捕，并引渡给南京，把他们权充"主犯"，以了结此案。刺汪案发生后，蒋介石下令戴笠不惜一切代价除去王亚樵。

1936 年，梧州。王亚樵被军统特务杀害。李济深、朱蕴山、李任仁等前往吊唁。

刺汪案发生后，戴笠率领大批特务进入香港，千方百计捉拿王亚樵，王处境困难，遂于 1936 年 2 月偕郑抱真、许志远、余亚农、张献廷等 20 余人及眷属离开香港，奔赴广西梧州，王亚樵改名匡盈舒。抵梧州后，即住在李济深家的圩子里，李热情接待，并去南宁会见李宗仁、白崇禧，要求他们对王的安全给予保护，李、白应诺。但不久，李、白与蒋密谈合作，王亚樵觉得梧州非久居之地，经与部属密商，决心投奔中共，请李济深给周恩来副主席写一推荐函，王亚樵亦亲书一信给中共中央及毛泽东主席、朱德总司令请求收纳。王将两函及 2000 元交给余亚农、张献廷带去延安。余、张走后，王亚樵深感处境危险，颇为伤感，曾写下《念奴娇》词一首：

> 西江烟雨，哭陆沉，魑魅魍魉狐兔。北土沦亡黄流注，中原烽火弥路。悲恨相继，万里烟尘，江山知何处？堂堂中华，怎忍东倭猖寇。醉生梦死内战，媚倭求存，何言对国人。闽海羊城兴义师，苍苍惜太无情。天涯海角，足迹无门，千载留泪纹。鸥盟山重，北顾延河绵云。

9 月，余立奎的小妾余婉君突然由香港来梧州，对王亚樵说，他们在香港生活困难，要求来梧州居住。王亚樵念余立奎仍在狱中，同意她来梧州。余的突然到来，以及有许多令人生疑的言行，王亚瑛、郑抱真等都提醒王亚樵，要对她特别注意。王则认为余婉君是老人，不能过疑，否则对不起朋友。他哪里知道余婉君此时已为戴笠所收买。原来余婉君和孩子居住香港，生活费用由王亚樵提供，所以余知道王在梧州的地址。特务侦知这一消息后，即用 10 万元金钱收买了余，并答应捉到王亚樵后，即将余立奎释放。余婉君为重利诱惑而出卖了王亚樵。她到梧州后，即同特务经常联系。9 月 20 日她说有事请王亚樵去她家商谈，这时十几个特务已埋伏在余的屋中。王一进门，特务立即向他撒了一把石灰，王眼被迷，但仍坚持同特务搏斗。特务原想生擒王亚樵，看势不可能，即用枪击、刀刺，王亚樵身中五枪，被刺三刀，当场死亡。特务又用刀将王亚樵脸皮剥去。在撤退途中，为了灭口，又将余婉君杀死。9 月 21 日王亚瑛、许志远得知王亚樵遇害的消息后，急忙赶赴现场，恸哭不已。随后即买棺入殓，安葬于梧州倪庄。李济深、朱蕴山、李任仁等均前往吊唁。王亚樵死后十天，余亚农、张献廷从延安赶回，传来中共中央同意接纳王亚樵去延安的消息。但是王已离开人间，大家又痛哭一场。

王亚樵以他卓越的组织才能，在上海滩建立了组织严密的"斧头党"，作为一个无权无势的外乡人，敢于同"海上闻人"黄金荣、杜月笙分庭抗礼；他手无一兵一卒，敢于带着一帮兄弟同拥兵百万、位至极尊的蒋介石周旋达 14 年之久，表现了他惊人的胆识和卓越的才华。诚然，他采取的暗杀手段并不能达到革命的目的，但他所领导的惊心动魄的反蒋抗日活动，给人们以鼓舞和激励。他在复杂的政治斗争中虽然也曾接受一方委托，刺杀其政敌，并得到巨额报酬，以补充他领导队伍的供养，但是，综观其一生，王亚樵仍应以一个反蒋抗日的爱国奇士载入史册。

黄振世与杜月笙渔界争霸

顾生霖

黄振世是一个一生复杂而奇特的人物。早年，他以上海渔业界为基地，创办过行业性的帮社组织——振社，与杜月笙角逐于上海渔界。宁波解放后，他曾为故乡到香港劝募救灾捐款，并当面劝杜月笙回归故里。晚年他又被宁波市政协特邀为文史委员会委员，在 1982 年病逝前写下过十余万字的文史资料，真诚地回顾忏悔了自己的一生。

立足渔界　创办振社

黄振世，浙江鄞县大咸乡人。幼年家境贫寒，曾给当地一李姓人家当过童佣。1915 年，他 16 岁时跟随东家从宁波到上海，在一家海味行当学徒。后为生计所迫，在上海滩结交了一些三教九流的朋友，学会了一些黑道上的"切口"。后经人介绍，黄振世先后在一家厢馆字号（在日本设有坐庄采办的鱼货商行）和日商泰新洋行的水产部门，充当一名跑码头人员，专门负责司秤过磅和起卸"东洋鱼"的工作。这一差事，使他精通了码头业务，熟悉了各渔行老板、经理和上下员工，虽职事低微，却在外货咸干鱼倾销我国高潮期间（1921—1934 年），独揽了鱼货起卸、过磅的权力。这为其在码头上拉帮结派、创办振社，并称雄渔界奠定了基础。

1928 年，黄振世手头已积聚了不少钱，他请大世界经理、黄门中有权势的唐嘉鹏（小名阿裕）引荐，花了 200 元压帖赞敬，500 元建造黄家花园捐款，外加门房、茶房、佣人等赏钱，共计 1000 多元大洋，投拜黄金荣为门生，从此在黑道上有了靠山。黄振世虽成为黄金荣的门生，但并未过"香堂"（拜祖投师），所以他还是一个"空子"（非帮里人），不能正名。为此，他联合了当时公安局侦缉队长卢英等 30 人，向江淮泗安青总帮的"大"字辈曹幼珊（别号铁弓曹）"孝祖"（拜老头子），经正式开大香堂，被列为青帮 22 代"通"字辈的传人。1929 年，黄又与林献子（曾任汕头市市长）、许宝铭（当时的浦东保卫团团总）、谷大椿（后任日伪粮食部长）以及卢英等 28 人结为把兄弟，号称海上"二十八宿"，进而开堂收徒，在黑社会崭露头角。

1929 年，黄振世与宁波的一些小同乡成立了"鄞县大咸乡旅沪乡谊联益社"，从中看准了社团是扩展私人势力和抬高社会地位的重要工具，因此在 1935 年遂正式成立了"振社"。

黄振世出身商界，善于经营，他办振社处处显示出生意人的干练和精明。"帮社合一"是黄振世办振社的最大特色。这与当时一些有影响的帮会头子情况不尽相同。其他人办社主要为结交社会各界的头面人物，一般无业流氓都拒之门外。例如青帮"大"字辈张镜湖，拥有门徒三四千人，但能入他的"仁社"门生，只是其中有体面的 200 余人。杜月笙办"恒社"，据说其门徒和密友高鑫宝、金廷荪、马祥生、顾嘉堂、叶焯山等这些闻名的大流氓亦未列名社内。但黄振世没有这种"食客三千，任你挑拣"的条件，当时门徒不过120余人。为迅速扩张自己的势力，他采取了"帮社合一"的做法，即入社必先入帮，入帮后就是当然社员。

黄振世简化了进门入社的手续：只由他发给受业人一张印有"道义尊师"四个大字和一些训词的入门专用帖，填具姓名、年龄、籍贯、职业、住址和介绍人等项目，贴上半身照片一张，再送一笔赘敬，备一副香烛，向他行三鞠躬礼，聆听"忠于我""孝于亲""仁于众""义于门"等一套戒规，即算入门。这比旧时开香堂、磕头拜祖的求师仪式不知要省掉多少麻烦事。如果新门徒愿意多花几个钱，备几桌酒席，拉拢一些闻人大亨之类的人物，不用说先生脸上也添光彩，当然更加欢迎。新门徒的名字录入黄振世亲自保存的一本《聚英录》的册子后，就是振社的成员了。

这种"帮社合一"的做法，既使振社保持了严格的封建帮规，便于黄振世集权力于一身，又加速发展了队伍。到抗日战争胜利前夕，振社社员已达近千人，成为上海沦陷时期活动最频繁、号召力最强的帮社之一。

黄振世和其他帮会头子的作风也不尽相同。杜月笙的恒社创办最早，社会地位也高，但他本人很少去社亲政，与社员隔离很远；黄金荣办荣社亦如此，平时很少过问，因此社的作用相对减弱。黄振世的社会地位逊于杜、黄，作风也就不同。他说："为了引起社会对振社的重视，我天天到社，与社员们相处在一起，凡是对外有所企图，或是发动一起事情，总是采取真主意假商量的办法。这样做会使我与骨干之间增加友好感情，在骨干方面也会产生为我信任的印象，从而乐意为我效劳，力量也就大了。"这很能说明黄振世的一套"领导艺术"。

为了吸引社员到振社来活动，黄振世一开始把振社办成一个俱乐部性质的票房，让他们业余时间来学戏唱戏。社员中不乏京剧名票友，经常彩排公演。发售的戏票由演出的票友各自认销，规定唱大轴子（压台戏）的认销40%，唱中轴的认销20%，其余40%由唱开锣戏，第二、第三出戏的分别认销。总之，越是先唱，认销越少。票价收入除开交借座费用和捐税外，其余全归振社，每彩排一次，振社可收两三千元，不仅能解决日常开支，而且平时锣鼓喧闹，很有一番欣欣向荣的景象。

振社社址原设南市小东门，随着社员增多，一再迁移扩大活动场地。后来振社用三根大条（金条）顶进了柳林路阳余里石库门的房屋作社址，又花五根大条把大门门楼和大礼堂翻修得飞檐翘壁，金漆画梁，富丽堂皇。会客厅、娱乐室、阅览室以及社长和总务、交际、财务、娱乐等各部门办公室，都用打蜡地板，花绒地毯，高档家具，布置得十分豪华。会客厅正中高挂一块国学名士沈恩孚所书"自强不息"的堂匾，两旁挂着上海市商会会长方淑伯写的"有大量始有大福""能利人方能利己"的七字对联一副，从中可以看出黄振世踌躇满志和生意白相人的处世哲学。

黄振世发迹以后，结交了各路人物，但始终立足渔界，在十六铺外滩和南市小东门（鱼行和渔业机关的集中地）一带闯荡他的世界。

扩大势力　角逐渔市

黄振世创办振社的目的，是要牢牢掌握上海渔业界这块地盘，因此他利用自己掌有冰鲜业同业工会总干事的实权，在所属23家渔行老板、经理、上中下职工以及鱼贩头子和鱼贩当中，大量地开门收徒。这些人是振社初建时最基本的，也是最能够发挥作用的社员。对有的原系无业游民或失业者，只要拜了他为老头子，一般都能安排其在渔业界就业，进而成为效忠于振社的骨干。振社的董事会成员，也都挑选渔界或与渔界关系密切的有地位人物，如顺大渔行老板邹信泰、源茂鱼行代理人朱宝、源昌渔行经理张振芳、招商局杨家渡码头包工头何国梁、十六铺公安分局侦缉队长董明德等，这也体现了振社带有一定的行业性质。

为了扩展政治势力，黄振世还招纳了法租界公董局警务处（巡捕房）、卫生处、捐务处的翻译和探目，以及个别的县长、律师为其门徒。此外，在卡车运输行业，银行、钱庄的金融行业，戏院、舞厅、酒楼、旅社、浴室等服务行业，都有他发展或安插的振社社员。这些人，几乎无不与渔业有密切的关系。

社员与振社之间，互为依存，在经济利益上更是息息相关。据黄振世自述：有十五六家渔行的老板和经理，完全是借振社的关系发达起来；一批新的渔行也是依靠了振社的人事和财力得以开设；同行和振社社员受到外界侵犯，只要振社势力所及，都会设法进行干涉和保护，其所取手段也颇具生意人的狡猾和白相人的蛮横。下面列举几件事情：

夺回"点春堂"

上海城隍庙"豫园"内，有一幢古老精致的建筑，名为"点春堂"，是上海"小刀会"领袖刘丽川响应太平天国起义时的大本营。清末，这所古老的建筑物，标卖于海味行及糖行两业做了公所。这两业各以进口日本东洋鱼和砂糖为大宗。1931年日军侵占东北，全国掀起抵制日货运动，糖业仍采取改头换面的方法，其中以镇江帮元和行小开黄振东发洋财最多。他担心被人揭发，遂花了近万块大洋造了一艘"月宝"小火轮，作为杜月笙落成杜家祠堂的贺礼，并当了杜的门生，事后又引糖业公会主席，源康糖行老板郑洋南进了杜门，成为恒社骨干。从此以杜月笙为靠山，有恃无恐，进而借口糖行要创办学校，将海味行公会从"点春堂"驱逐出去。

1935年振社成立不久，海味行公会主席葛维庵就来求见黄振世，要求为海味行公会夺回"点春堂"。黄振世正想露一下身手,何况海味行是他的出身行业,"点春堂"属邑庙公安分局管辖范围,分局局长刘云舫是他的拜把兄弟,当时还有一个足以压倒杜月笙的黄金荣是他的先生,手中尚有一个振社组织可供他驱使,黄遂当场答应帮忙。

黄振世来到邑庙公安分局,与刘云舫商定,由他派 20 名武装警察到场示威,然后回到振社嘱门徒徐阿明、朱定甫等组织好打手,再邀城隍庙顾纪根等一般地痞流氓共 30 个人,各带武器,并通知葛维庵带领同业,于次日上午 8 点钟在"点春堂"门口集合。是日,共聚集 100 余人,黄振世和刘云舫带头冲进"点春堂",先找到从前两业共同所立的一块石碑,抹清碑上字迹,召海味行全体同业排列在石碑两旁,当场拍录一张团体照,以做对付糖业的法律根据,并让海味行同业把公会办公的家具用器,搬入原处复位,20 名武装警察和 30 名打手在"点春堂"周围大摇大摆地兜了几个圈子,把糖业负责人和其属下吓得鸦雀无声,不敢动弹。"点春堂"就这样不动声色地夺回来了。

果不出黄振世所料,事后这两业缠讼经年,官司一直打到南京最高法院,但有石碑照相为凭,糖行还是以败诉告终。

争夺大闸蟹销售业务

1936 年 9 月,盛销上海的阳澄湖大闸蟹上市。大闸蟹销售业务一向归河鲜业经营,但冰鲜业方面也纷纷派人到产地坐庄采办。上海鱼市场副总经理兼河鱼卸卖人孙谷臣,出于河鲜业和自己的利益,仗着自己有杜月笙和恒社骨干朱开观等支持,命令鱼市场营业课及稽查股率领河鲜业职工把到埠的大闸蟹一律拦扣,交与河鲜业销售,禁止冰鲜业插手经营。冰鲜业方面的蟹贩,多数为振社的人,岂肯让利,于是发生了冲突殴斗。

适值大闸蟹旺汛期到,河鲜业又来拦扣,黄振世召集冰鲜业人员策划对付，指使海鱼行将两大卡车大闸蟹运到杜月笙办公的中汇银行，把车上的活蟹卸在营业场上，并派一批穿着肮脏鱼服的冰鲜业蟹贩，故意到那里去哄闹捣乱。中汇营业场此时正值业务高峰，顿时，活蟹横爬，人声尖叫，满场腥气，一片混乱。杜月笙得知后十分恼火，但他既是鱼市场理事长，又是冰鲜同业公会主席，说起来两边都是头头，怎能出面庇护一方，只得速召鱼市场总经理王晓籁到现场，处理这件头疼事。王晓籁为把这批"瘟神"请走，也只好打躬作揖，说了许多好话，并答应冰鲜业继续经营大闸蟹销售业务。

这件事，实际上是振社与恒社的一次斗法，黄振世敢于"老虎头上拍苍蝇"，在流氓群中声名大增。

回收旧板箱的一场恶斗

1941 年，振社交际组副组长朱定甫仗势要将北洋装运咸鱼干货的空板箱以低价归他收买，再转手用高价出售给板箱作坊，从中获取暴利。但是这种业务，在他之前早有湖北帮的陈玉卿在经营。朱定甫为了独霸回收业务，求助于振社。当时黄振世门徒周一星已成为法租界巡捕房中西人员向外敲诈勒索的主要桥梁，万事只要他一句话，巡捕房方面无不尽力支持。他接受了朱的要求之后，就到巡捕房去布置，言明朱定甫要与陈玉卿演出一场"全武行"，叫中西探捕在大打出手之间，将臂上不佩袖章的人全部予以逮捕。

那一天，朱定甫邀了五六十个亡命之徒，各带铁尺、小斧头等凶器，手臂上佩戴鲜咸鱼业联办处的袖章，由他亲自率领。陈玉卿也雇来50 多名打手，个个手持利器，双方在十六铺掀起了一场你砍我杀的大恶斗。陈方看着不支，正欲逃遁之际，朱定甫忙大吹警笛，中西捕探一拥而上，将无臂章的人一网打尽，逮入捕房。事后，陈玉卿挽人出来讲和，表示无条件投降，放弃空鱼桶、板箱的回收行业。

鱼行得到振社的保护，但也常常受到振社社员的损害。如朱定甫除掉竞争对手后，更加肆无忌惮地压低收价，引起众多渔行的不满，然慑于恶势，敢怒而不敢言。源利渔行的方国梁，曾在黄振世的干涉下，免受吃倒账之苦，但当振社社员吴香山插入后，就夺去了他的经理位置。由此可见，振社在上海渔业界是一个有相当权势的行业集团。

知机识变　争权夺利

早在 1923 年，杜月笙就与金廷荪合资在十六铺盘下了一爿冰鲜鱼行，改名为"源茂笙记渔行"。1935 年，国民党政府实业部为夺取渔业佣金，花了 120 万的投资，在上海定海岛（今复兴岛）建造了一个渔市场，以掠取鱼行佣金。因引起上海渔业界激烈反对，未能开业。为此，实业部拉拢上海土皇帝杜月笙出场，委他为上海鱼市场理事长，从此杜月笙掌握了统治上海渔业界的大权。黄振世不属杜党，要在杜月笙眼皮底下夺取渔业权益，不是一件容易的事情。由此产生了一场尔虞我诈的斗争。

协助开办上海渔市场

杜月笙接过上海渔市场的权力后就下令开业，原来反对渔市场开业的虞洽卿、黄延芳等一些商界闻人再也不敢坚持。河鲜业一批渔行在胁迫下也很快加入进去，唯独冰鲜业不肯屈从，使渔市场开业又面临难产的危险。正当杜月笙骑虎难下之时，黄振世来到河南路中汇银行找杜月笙。他对杜说："你不必着急，办法是有的，不过有些附带条件。"杜闻言顿时脸有喜色，忙说："有什么条件都可商量。"

杜月笙态度如此迁就，这是因为冰鲜业渔行最多，人员庞大，在海洋渔业上有根深蒂固的基础，再有货主（渔民）、买主（鱼贩）、冰鲜客人（直接在海上向渔船收购鲜渔的贩卖商）的声援，万一强硬到底，不肯参加渔市场，杜月笙纵有通天本领亦难使渔市场按时开业。而要开这把锁，关键人物是黄振世，他是鲜鱼业同业公会总干事，上海滩十大鲜鱼行的经理和各大菜场鱼贩头子都是他的振社社员，杜虽早就软硬兼施地找黄谈过话、下过令，但黄振世表面应付，暗地却是按兵不动，现在找上门来，杜当然是求之不得。

黄振世这样做也早有部署。他清楚凡事一经杜月笙插手，他是不肯罢休的，渔市场迟早是要开业的，如果再坚持下去，就会损害冰鲜业同人在渔市场的各种利权。于是在神州旅馆包了房间，在那里多次召集冰鲜十大渔行经理和各大菜场鱼贩头子秘密开会策划，商定了一套对付办法，并组成了拥有 100 辆卡车的利商运输公司，自任董事长。一切部署完成，才来"自投罗网"。

黄振世摆开谈判架势，向杜月笙提出三个条件：第一条，给先加入渔市场的每家冰鲜鱼行代理人（经理）在渔市场安排一个"主任"以上的兼职；第二条，渔市场除按规定向渔行经纪人付给一定比例的佣金外，再暗贴百分之一的回佣；第三条，所有鱼货上岸的运输业务，由利商运输公司一家承包，不得另许别人。要是答应这三个条件，他可以保证鱼市场如期开业，并尽一个月免费接送鱼贩、运输鱼货的义务。杜月笙一心只求渔市场及早开业，当场拍板说："闲话一句，就此为定。"

5 月 12 日渔市场开业的那一天，冰鲜业几家渔行经纪人、鱼贩头子、利商运输公司经理，都率领自己的一批手下人，按时进入岗位，在卸卖、开秤、装运等各个环节上井井有条地操作起来，未出一点乱子。开市大吉，给杜月笙增添了不少面子。黄振世在这个关键时刻所表现出的能耐，不能不使杜月笙刮目相看。

杜月笙"赔了夫人又折兵"

渔市场开业前夕，黄振世带了十家渔行从十六铺到定海岛察看渔市场地理环境和设施，以做好开业准备。不料在渔市场大礼堂门前，看到一张大红喜榜，公布着渔市场理监事、经理和各部门负责人、职员的名单，才发觉杜月笙早已安排好全部人事，把重要职位几乎都给了恒社的人。河鲜业早于冰鲜业加入，骨干也得到理事和副经理的高级职位，唯独冰鲜业加入的十家鱼行，只安排了两个股主任和八个股员。黄振世本人也只授予一个稽查股副主任的中层职位。另一个授予业务股主任的朱宝，还是杜记源茂渔行的代理人。渔市场成了杜月笙独家天下，逼得黄振世暴跳如雷。有人在旁话中带刺地说："给你安排这个职位，还是杜老板和王总经理再三商量后才录用的。"这一说更使黄振世不能容忍，大骂杜月笙是个言而无信的"小人"，并当众要把这张"阎王布告"揭去，急得在场的职员连忙打电话告诉渔市场总经理、杜月笙的把兄弟王晓籁。王急从30里外的市区驱车赶来，对黄劝说："你要什么职位都可以商量，何必大动肝火呢！"王生怕这一来会影响渔市场开业，故又约他当晚9时去新新旅馆401室杜月笙的包房重新商量他的职位，并保证一定让他满意。

　　黄振世大闹一场回来，与大伙聚在神州旅馆他包的房间里商量对策。由于高级职位已经排满，不知怎样才好。商讨中，忽然发现渔市场订立的营业规章制度中得设海、河卸卖人各一，代表货主执行鱼货起卸、代客议价和拍卖任务。规章中最吸引人的是卸卖人可按营业总额向鱼市场收取百分之一点五的卸卖费，黄振世掐指一算，按当时冰鲜业务，全年可达4000万元的营业额，卸卖人一年就有60万元收入，而且还可以代表主客两方交易，成为渔市场中垄断业务、年利最丰的权益者。用黄振世的话说，这要比当一任上海道台还要实惠。那么为何对此空缺无人眼红呢？原来中国渔市场尚属首创，订立的规章是移用日本渔市场的一套办法，故渔界的人乃至杜月笙等精明人物都眼盯高位，一时都没想到。现在既然缺位，自然非他莫属，黄振世这时喜上心头。为了得到同行的拥护，他当场表示得手后将以其中百分之一按照各渔行营业额摊还给各行，再以百分之零点二五作为卸卖办事处的费用开支，并将原来同业公会职工全部转移到卸卖处供职，另由卸卖处付给每个先加入渔市场的经纪人，每人每月100元的车马费。这样处理，使在座的都乐于接受，并做出推黄为卸卖人的决定。黄振世自行估算一下，以0.25%计算，每年可得10万元，卸卖处全年开支2万元足够，自己名下净得8万元，真可谓名利双收了。

当晚9时，黄振世应约去见杜月笙，杜对黄装模作样地批评几句后，就转换口气询问要安排一个什么职位。黄因为有卸卖人可当，乐得大方，但也话里有因地说，闹起来是因为受到人身侮辱，没什么职位要求。

次日，黄派人以上海市冰鲜业同业公会名义，具备公函一纸，送往上海鱼市场理事会，说明推黄振世为海鱼卸卖人应予备案等由。精明有余的杜月笙接到这封公函方恍然大悟：原来黄振世这魔鬼不是不要职位，而是借自己一时疏忽，把卸卖人这个最有利权的位置抢了过去。因为要急于开业，只得照准，并上报实业部备案。这样一来，杜月笙没有达到原来要排斥黄振世的目的，反而被他当众臭骂了自己一顿，而且让他垄断了渔市场的冰鲜业务，加上鱼货运输业务又给了他一人承包，渔市场的整个市面几乎都被他占了，这真是"赔了夫人又折兵"。

渔市场掀起罢市风波

杜月笙手下一批人虽占据了渔市场的高级位置，却不能控制渔市场业务，因而也捞不到多大油水，个个心里有气。当时，渔市场外面的一些卡车运输商为了争些业务，也千方百计买通场内人员，以运输股出面拦扣利商运输公司卡车，剥夺他们承包鱼货运输的业务，引起双方经常争吵。一次，黄振世出面干涉，运输股要黄拿出渔市场给利商公司独家承包运输业务的凭证，由于当初只是杜黄两人"君子协定"，并无书面签约，故被一语堵塞。黄振世羞怒之下出口吓唬道："老子有力量使鱼市场开业，也有力量叫鱼市场关门。"

翌日早市，浦江岸边到埠的冰鲜船蚁集，河鲜亦在旺季，鲜鱼大盘涌到，各渔行经纪人和职工抬手持秤地盼等鱼贩入场批购，冰鲜船上员工亦开舱等待起卸，却迟迟不见一个人影。原来朱定甫、罗瑞昌、任荣生等鱼贩头子已假四马路菜场集合，发动全市鱼贩大罢市，并派人手执标语旗帜，在外白渡桥阻止鱼贩、卡车去渔市场批货运货。杜月笙、王晓籁闻讯赶来，也无济于事，只得追究肇事原因。运输股全体职员一口咬定黄振世昨晨威胁要使渔市场关门，定是他指使所致。但鱼贩们到场声言与黄振世无关，主要是运输股欺人太甚，有人还狂喊："非把渔市场拆倒不可，叫杜月笙讨饶为止。"这一天罢市，造成300多艘冰鲜船不能将鱼货销售出去，河鲜的活鱼全变成死鱼，继之又引起3000多名船工手执木棍，大闹渔市场。

杜月笙不能眼看闹事继续下去，只得要黄振世把领头的叫来谈判。罢市者提出要撤销运输股，减少鱼伙外佣等条件。杜月笙最后答应对运输股全体职员严加训斥；今后不准再留难利商运输公司的卡车；为保证作业安全，落船跳板两旁布置网兜，营业场上夏备凉茶、仁丹、痧药水，冬备姜茶、洗脸洗脚热汤水，并呈请实业部检减外佣等条件。同时逼使鱼市场收购了一万多担大黄鱼，赔偿一部分河鲜变质的损失，方才得以罢休。

渔市场罢市，实际上是向杜月笙的一次示威，杜、黄双方由此结怨。

去除障碍　渔界称雄

杜月笙统治上海渔业界，对黄振世来说，无疑是他在渔业界争权夺利的最大障碍，因此有着强烈的反杜意识。杜月笙心里也早明白，不过二人没有公开摊牌，但正面冲突还是发生了。

1937 年初夏的一天上午，黄振世在渔市场接到电话，催他速去中汇银行董事长办公室走一趟。黄振世到了那里，只见虞洽卿、王晓籁、方淑伯、傅筱庵等一班理监事正在开会讨论将咸渔业归入渔市场营业的问题，大客厅里还坐等着 30 多位来宾。杜月笙一见黄振世到来，停止讨论，劈头责问："我杜某哪一样对不起你黄振世，你要包办渔市场运输，我让你包，你说为一个月义务运输亏本三万元，我就贴你一万五千元，可你处处跟我捣蛋破坏，究竟同我有啥难过？"黄振世被责问得丈二和尚摸不着头脑，只好小心地问："为啥要发这么大脾气？"杜月笙即取出一卷报纸猛掷过来，黄打开一看，原来报纸里触目惊心地登着他反对杜月笙活动的消息。

半个月前，黄振世为联系渔区业务，曾到定海、沈家门跑了一圈，在当地渔业界招待会上发了一通煽动渔界人士驱走业外人把持渔业大权、自己来主持渔市场的言论，不料被新闻记者当场记录，添油加醋地大做文章，在报上发表出来。这当然是一种倒杜的"罪证"，恒社分子收集后就向主子献媚报功。杜月笙自从鱼贩罢市风潮发生后对黄已经不满，如今看到报纸自然火冒三丈，未等黄振世看完报纸又咬牙切齿地骂起来："你是想造反，现在上海滩没有大佬了，只你一人最逞能。你要渔市场我就让给你，可你要当心，杜爷我总有一天会来收拾你。"而且越骂火气越大。

黄振世毕竟在黑道上混迹多年，他对一些"泥鳅成龙"的白相人心理了如指掌。大凡当流氓出身的，一旦成名之后，最怕别人触他的霉头，为了争体面，也最怕与地位比他低的流氓硬拼，弄得两败俱伤。他原想做些解说，以缓和空气，现在杜月笙大兴问罪之师，不肯给他留点退路，也就顾不得放开喉咙起来反击："渔市场已经被你搞得五败俱伤，如今你还加害于我，好，我黄某就等着你拿出颜色来给我看，如果怕你，今天从地上爬出去！"

杜月笙听了更加气得暴跳如雷，将右手猛拍桌子连声逼问："什么是五败俱伤？讲出来给老子见识见识！"

黄振世存心要在这个闻人聚会的场面上出一出自己的风头，就一五一十把"五败俱伤"的事实举了出来：

"其一，渔市场变成高高在上的衙门，关口道道，卸卖耽误时间，鲜鱼变质乏味，鱼商不能善价出售，损失难以计算；其二，渔市场向鱼行分利，夺取佣金，这是大鱼吃小鱼，断子绝孙；其三，渔市场远离市区，增加车力运输费用，加重了消费者的负担，市民们怨声载道；其四，一批年老体弱和妇女鱼贩，路远不能到渔市场批货，迫使他们断绝生计；其五，渔行原向渔民贷放出洋资本，现在渔行投入减少，不再续放，渔民出洋无本，直接影响渔业生产。"

这一条条有根有据的事实，说得杜月笙难以招架，两人在中汇银行几乎演出一场"全武行"。正在难分难解之际，金廷荪从外客厅赶进来做和事佬，连劝带拖地将黄振世拉了出来。

黄振世离开中汇银行大楼，就乘车往漕河泾黄家花园找老头子黄金荣告状，诉说与杜大闹经过。杜月笙原是黄金荣一手提携，后来身价一高，就对老头子冷淡起来，加上黄身边几把帮闲的"小扇子"专门搬弄是非，已使黄生了一肚子气，现在听到杜要向自己的得意门生开刀，也上了火气。他对黄振世说："这个忘恩负义的瘪三，竟敢欺负到我的头上来了，告诉他，要他来对付你，如果怕他，我就不算黄金荣。"在场的一些黄门徒生更是七嘴八舌地为黄振世鼓劲撑腰。

黄振世从黄家花园回到振社时，随同去见杜的海渔卸卖处秘书忻梵僧已提前回来通报消息，社员们正在纷纷讨论对付办法。黄振世当即宣布：现在老太爷已为我撑腰，忠信社的弟兄肯为我做后盾，你们要做好准备，时刻对付杜党前来挑衅，必要时再发动鱼贩们去大闹鱼市场，来一个"攀倒大树有柴烧"。但结果杜党毫无动静。事隔一个月后，张学良的妻舅、东北将领于学忠来沪，黄金荣在黄家花园为他设宴接风，邀请杜月笙作陪，也叫黄振世陪坐。杜月笙知道这是老太爷有意安排，心里对黄振世虽然记恨，表面上总算言归于好了。

这件事虽然这样了结了，但在流氓社会里却轰动一时，茶坊、酒店、烟馆、浴室里大谈杜、黄斗法，加油加醋讲得活灵活现，把黄振世捧抬为帮会中一条少有的硬汉子，一批英法租界的翻译、包探也纷纷投拜在他的门下。当年秋，上海沦陷，杜月笙离开沪上，黄振世去掉压在头上的一块大石头，终于成为渔业界独占鳌头的帮会头子。

旧上海的大赌窟

——回力球场

毛啸岑

回力球场的由来

上海陕西南路上的上海市体育馆，新中国成立前一度是帝国主义分子以所谓"回力球"的方式诈取中国人民钱财的赌博场所。它明明是一所大规模的赌博场，帝国主义分子却厚颜无耻地叫它为"中央运动场"。它是当时法国外交部批准，并经当时上海的法国领事签发开业执照而开设的。

这个赌博场，在其定名之前，曾拟名为跑人场，与跑马、跑狗鼎足而为"三跑"，后来才定名为"中央运动场"。自从场方与球队领队订立合同，改为托包抽成办法后，对外往来都用承包人海阿拉球队名义，于是，"海阿拉"就成为回力球场的代称，反而把原来的名称掩盖了。这个诈欺取财的经济侵略工具，是美国人蒲甘想出来的。他勾结了法国讼师逖百克、埃及人海格及法商汇源信托银公司经理步维贤和中国人陆锡侯、朱博泉、沈长赓（沈是后来加入的）等共同发起创设，1929 年在上海陕西南路（当时叫"亚尔培路"）淮海中路（当时叫"霞飞路"）口建筑场所。当时登报招股发行优先股计规元 22.5 万两，另外发起股 20 万两。事实上发起股是干股，根本不曾拿出钱来，是由几个发起人瓜分而坐享其利的。而且发起股依照该公司的规定，在保证优先股获得股息 8% 后，所有红利是两种股票平分的。

这个公司在筹备期间，就漆黑一团，你争我夺，事实的经过是这样的：

美国人罗杰律师、泰勒（凿井公司技术人员）和赌徒蒲甘均与朱博泉相识。蒲甘是在上海专搞赌博的，他约朱博泉开办一所回力球场，朱鉴于英租界当局迫于社会舆论，正在取缔申园、明园等跑狗的赌场，格于当时形势，不可能再搞回力球赌场，乃作罢。蒲甘就想在法租界活动，去探帮会头子杜月笙、张啸林，时杜、张正热衷于贩卖鸦片，获利至巨，对外国式赌场不感兴趣。蒲甘又去找法租界第一块牌子的刀笔讼师逖百克，逖认为有利可图，就一同计划进行，于是命其翻译方升平四处拉拢。方素与陆锡侯相熟。陆过去开小世界、神仙世界等游戏场，有一套白相人方法和人手，因此即为洋人所赏识，认为是利用的对象。当时，陆在四川南路（当时叫"天主堂街"）约克大楼开设国民饭店，蒲甘就是该饭店的常住旅客。那时因房金计算问题发生纠纷，而当时租界享有领事裁判权关系，陆请逖百克办理这个案件。方升平就秉承逖百克的意图，趁此机会，进行拉拢。方升平原是国民饭店 1/10 的大股东，和陆素有往来，所以进行颇顺利。逖百克是个专门捞钱的吸血鬼，决不肯拿出钱来垫本，而想套在别人头上；陆锡侯也不是傻子，便将计就计，乘机图利，达到他的另一目的。他想，回力球场搞成以后，所有球员和其他有关的外国人，就可兜揽寄居于国民饭店，作为长住客人，让全部房间的一半以上长期出租，一举两得，何乐不为。商量结果，陆垫款 5000 两（方升平暗中垫 1000 两），这 5000 两中，以 4000 两作为购地定银，1000 两作登报招股等费用。报上广告登出后，有个顾克民对陆锡侯说："20 万两发起股，5 个发起人平分，每人有 4 万两，这笔生意不错。"陆闻言愕然，因为他只分到 2500 两。于是找方升平交涉，未有结果。在凿井公司开发起人会议时，到会的有逖百克、泰勒、步维贤、百部、陆锡侯、蒲甘及英商马海洋行合伙人鲁滨孙亦来参加。陆即提出 20 万两发起股如何分派，权利是否平等等问题。泰勒专横粗暴，摆出洋人的面孔，陆极难堪，不欢而散。于是方升平出来调解，改期在国民饭店开会，继续商谈。结果，给陆锡侯 3 万两发起股了事。因为这 20 万两股款中，法国领事馆要攫去 8 万两，由他们内部分派，余下来只有 12 万两了。因当时一般人还不明白回力球是怎样一回事，投机家意存观望，因而招股不能满额，需要陆继续垫款，这样，几个外国洋人对分派发起股只好让步，第一幕分赃不匀的丑剧终于告终。

22.5 万两优先股招不足，而房屋建筑等亟待进行，陆锡侯在发起股分肥上得到满足，就拿出 10 万两来，以 4 万两做投资，6 万两做垫款，俟股票售出后收回。由于法国法律规定，必须要法籍股东占股权 35% 以上，始能作为法国公司注册。逖百克、步维贤均未拿出钱来，乃向陆借股票，作为逖、步名义上的股权，进行公司登记手续。在开公司创立会时，有一个股东颜鲁卿提出，该公司资本中中国人占绝大的比重，应增加中国董事名额，逖百克就以遵照法国法律法籍董事必须有过半数为辞加以拒绝。因此，该场的大权就为法帝国主义分子所操纵。

回力球场于 1930 年 2 月开始营业，蒲甘任经理，逖百克任董事长，陆锡侯任买办兼包酒吧间，步维贤专司查账。董事有百部、步维贤、鲍莱德、鲁滨孙、泰勒、陆锡侯、朱博泉等（沈长赓是后来在该公司生意清淡时受到朱的支持，被提名加入，以补朱博泉之缺）。

后来，蒲甘因其另一经营的明园游艺场（跑狗场被英租界当局禁止后的改名）失败，亏空过巨，兼之回力球场初期的营业清淡，债台高筑，无法弥补，遂一走了之。回力球场经理乃由提奥陀拉与海格两人继任。

当该场筹备期间，即由海格向海外聘请球员，由提奥陀拉（绰号球大王）为领队，球员20余人，大多是西班牙、墨西哥和古巴人。回力球场美其名为运动场，实际是跟赛马、跑狗同样性质的赌博场所。每当华灯初上，在回力球场里，充满一片嘈杂之声，从它的两扇玻璃门中，每晚挤进去几千人，也吐出来几千人，这几千个人固然是形形色色，无所不有的，但是绝大部分还是黄皮肤黑头发的中国人。这许多人，大都心存侥幸，满想博取一笔横财，结果却把自己囊中的钱化为乌有，于是移东补西，借债、质押、变卖，有的铤而走险，有的倾家荡产。这个回力球场就是诈欺取财、贻害众人的罪恶渊薮。

以诈骗为业发"大财"

名为回力球比赛，实则进行赌博，用出售彩票方式——分单独赢、位置、双独赢、联位、香槟票等来诈取赌徒的金钱。场方抽取佣金11%（香槟票20%）后，余数按彩票性质分与得彩的人。

开始时回力球场的生意清淡，因为上海人对这种赌博方式比较陌生，赛球的所谓"运动员"又是外国人，赌客对他们有一定程度的怀疑。虽然开幕头几天卖了满座，但来者多出于一时好奇之心，所以未能持久下去，以至入不敷出。到当年年底共亏损2.27万元，主要原因是生意清、开支大、外国人的薪水高。这时，该场股票价格下跌，中国股东纷欲脱手，无人购进，公司摇摇欲坠，乃由朱博泉设法借款，甚至将场内的皮椅家具等抵押给汇众银公司。朱又介绍华商证券交易所理事长沈长赓参加董事会（因朱任中央银行总稽核，宋子文命令他辞去回力球场董事）任董事，通过沈长赓与朱博泉的关系，又向陈光甫的上海商业储蓄银行借款（法国人自己开的东方汇理银行及中法银行怕吃倒账和与汇源银公司存款关系的矛盾，对球场困难均袖手旁观），由该行程彭年居中经手，从而拉回力球场一大部分款项存入程自己经营的中华银行从中渔利。"一·二八"沪战爆发后，上海当时的"租界"成为地主、买办、官僚、政客、资产阶级的避难"福地"，特别是当时"法租界"因空屋较多，人口激增，这批有闲阶级挟其造孽钱，找寻刺激，于是，遴百克就暗地里勾通法租界当局，一面对回力球场和逸园跑狗场放任庇护，一面对其他赌台予以禁止，因而回力球场生意大有起色，可谓"生意兴隆"，股票行情反跌为涨。据说，当时票面 10 两的优先股票，抬高至 30 两，还没有出售的人。而后，遴百克忽患肺炎去世，步维贤见利源所在，有机可乘，乃通过遴百克的帮办白俄姚国来夫的关系，暗中活动，取得陆锡侯的支持，打倒对方百部洋行攫得董事长的位置。事情的经过是这样的：遴百克死后，照章应由副董事长鲍莱德继任董事长，步要取而代之，托姚国来夫向陆疏通，要求陆锡侯在董事会上出面提议由步维贤继任。是时董事共有五人，为百部、步维贤、鲍莱德、沈长赓、陆锡侯。原任董事朱博泉已辞职。泰勒与陆锡侯有宿嫌，被排挤辞职。鲁滨孙因代表自来水公司索取欠费与场方涉讼而离职。鲍莱德因自己是由步维贤拉进，碍于情面，自己不便出面争，唯一的敌手是百部，终以陆锡侯的股权较多，所以一经提出，便顺利通过。步维贤继任董事长后，加选倪古禄及法公董局董事有余洋行的沙维为回力球场董事。

步维贤当了董事长后，首先提出董事长车马费月支 3000 元；副董事长及董事仍照逖百克时代旧例，每次会议支会议费 100 元，后来钱实在赚得太多了，才改为月支 1000 元；当然，水涨船高，步维贤的车马费亦按比例提高了 10 倍。陆锡侯为表示酬劳方升平的拉马"功劳"，提议聘方为顾问（理由是方系球场发起"功臣"），月支顾问费 3000 元。于此，足以看出回力球场骗取钱财之多，为害之烈。

步维贤还没有做董事长以前，回力球场的业务已日渐好转，他认为"租界"人口日益增多，"法租界"的赌场已关闭，逸园跑狗场和回力球场因得法领事馆当局的庇护，当时成了独行生意。而且跑狗场一星期只赛三天，回力球场则天天开赛，逢礼拜天还赛日夜两场；开赛的形式，单打（分甲乙组）从五人赛扩大为六人赛，号码多了，彩票也多，更加有利可图。步维贤趁机在该球场的股票下跌之时，大量吸进收购，希望在股权方面攫得操纵地位，而与陆锡侯成对抗局面。后来陆锡侯因中国兴业银行倒闭而被逮捕监禁，宣告破产，步维贤就乘机叫姚国来夫向陆表示，以陆的处境妨碍回力球场为理由，要陆锡侯将他的股权过户给步维贤，愿代他隐匿财产，另外允许以每月付给车马费 1000 元的酬劳，迫陆退出董事会，于是陆就被排挤出来。

另一方面，步维贤改变回力球场的经营方针，借口避免亏损风险，采取托包抽成办法，与提奥陀拉订立合同，由姚国来夫出面，做两方面的中证，姚就这样各方拿钱，一面是公司董事会的秘书，一面是提奥陀拉的顾问，同时在承包人抽成之中也享受一份。步维贤和提奥陀拉等在球场内组成小集团，在承包协议中故意留出一部分抽成利润，瞒了公司股东暗中分肥。

自从步、提结合成小集团后，他们两人想出赌博的新花样，单打（分甲乙两组）从五人赛改为六人赛。票越多，赌注越大，抽成也越多。另外，还延长比赛时间，以引诱在跑狗场散出来的赌输的赌客去翻本，即使偶有赢的，利用赌客"运气好"而贪得无厌的心理，把他们的彩头仍从口袋里抠出来。从这里，也可见诈骗取财的一斑。

回力球场的收益蒸蒸日上，引起其他股东的眼红，逊百克的妻子以发起人遗属身份，要求继续担任董事，步维贤当然不会答应，她于是联合另一股东百赉洋行要对回力球场查账，双方曾发生争吵。后来，"法租界福利事业基金会"为了平息外界责难，认为有查账的必要，派了麦加利等人进行查账。步维贤做贼心虚，很感恐慌，因为他在公司账上支付了许多不应支付的费用，后来他耍手段终于设法遮盖过去。

回力球场的收入，是靠彩票抽成的，初开门时售门票，后来为招徕顾客，便不卖门票了。原来是仿照跑狗场的办法每礼拜赛三四次，后因营业不振，改为天天比赛，星期天还加日场，等到营业起色以后，就作为常例，不再变更。而职工待遇，由原来按日计算改为按月计算，反不及跑狗场一星期只做三四次的职工待遇。

形形色色的赌博

回力球场怎样进行赌博，根据外国的习惯，球赛大概可有三种：单打十二盘，分前后两段举行，由甲乙两组球员分别担任，中间插入双打四盘。逢周末双打改为红蓝大赛。

单打有五个球员（后来改为六人）出场比赛，其背卜标以号码，以先得五分者为胜，双打也是这样。红蓝大赛比赛时间较长，出场比赛的球员，都是膂力球艺高强的个中老手，采取2：2或3：2的对打方法，共赛20分。

单双打的博赛票有"独赢""位置"两种。红蓝大赛是采用逐分博注的方法，场前设置一个专柜，由专司赌注的洋人高踞其中，口里念念有词，大声兜揽。

双打的球员人数，比单打的多一倍，天天比赛，人力调配，颇费周章，对场方不利。红蓝大赛在每分争夺过程中，进行博注，打一分便见胜负，因过于爽快，变化不大，对赌客来说，短时间里要考虑双方的胜负，往往上一分还未考虑完毕，场中又在争夺下一分的胜负，神经紧张，因之赌客兴趣较低。场方有鉴及此，后来即将红蓝大赛取消，改为单打前后各八盘。双打仅在人力够调配时偶尔为之。

后来博赛票的名堂，增加了双独赢、赢位票、博赛票的连续号码等，花样百出，名目繁多。这对赌客来说，增添了博注的线路，下注便越来越多，危险性自然也越来越大，于是所谓"保险台"者便应运而生。凡是独赢票已打成四分，尚未进行继续比赛之前，为了预防功亏一篑，夺不到最后一分时，可以先向保险台投保一定数额的金额。如果这一局被淘汰而为另外一个号头赢出，就可向保险台领取照投保数额的赔偿金（也要扣1%的抽成）。反之，如果赢了，保险台就在应得的彩金中扣除这笔投保金额，而将多余的分给赌客。这是又一种骗取赌客钱财的方式。

博注的形形色色不断增加，和所谓保险台的开设，给回力球场增加了许多抽头收入，真是日进斗金。就是这样，许许多多赌客的金钱都被骗去了。要不是大多数的赌客输钱，回力球场又怎能发财呢？许多赌客想去发些横财、捞些"外快"，结果大都是输得精光。从前许崇智也赌回力球，他常常说，他用的是什么兵家大包围的方法，一定能赢，结果十次中总有八九次输得一败涂地。

另一方面，却以赌客的金钱，养肥了许多洋人。像回力球员的领队提奥陀拉刚来上海时，只是一个铺盖，其他一无长物，到了回力球场以后，顿时发迹，住起高楼大厦，以汽车代步，用大司务做西菜，成了大富翁。同样，回力球场创办人之一海格来上海时，仅是一双破皮鞋，一只破皮包，不久，就有了汽车洋房。

所谓彩金是在赌注中提取 11% 抽头后，进行分配，但在卖出的独赢票中，规定打出独赢的球员，可以分得红票一张，所得彩金，由球员自己去分配，就是说，卖出 100 张独赢票，分红时要做 101 张的数字来计算，等于在 100 张独赢彩金上再分取 1% 的红金。这种做法，表面上说得冠冕堂皇，有了红票可以鼓励球员的"进取心"，实际上是慷他人之慨，在赌客头上加重掠夺，压缩 1% 的红金来笼络球员。说起球员，他们的薪水是很高的，概以外币计算。他们最起码角色的薪水（不包括"外快"）折合中国货币每月高达 800 元左右，合当时 80 担大米；薪水大一些的，都在 1000 元以上。因此，球员大多有自备汽车，起居阔绰。

残酷榨取的花招

上面说过回力球场的老板们及从业人员是靠剥削赌客的所谓提成、抽头等发财致富的，也给了当时的上海法租界公董局一笔经常的可观的收入。除此之外，还有许多依靠回力球场这个大赌窟进行残酷剥削的，养肥了一大批流氓和社会渣滓。

法国人逖百克暗中勾结法国领事馆，从中分肥。法领事馆当局得到甜头，便通知它的工具法租界巡捕房予回力球场以袒护，狼狈为奸，于是，这批法国人更加肆无忌惮。

回力球场的赌客，口袋里的钱输光以后，很想借债翻本，回力球员领队提奥陀拉等想出一个开办信用贷款的方法，签一张 I Owe You 借据，就可向场内借钱，让赌本输光的赌客再赌，欲再翻本。借款的对象，至少要与场内工作人员熟稔，而且是经常下注较大的。这又是勾引赌客的另一方法。

回力球场的周围邻近，开设着益源、久丰等多家大大小小的典当。

这些典当的押款利息完全是高利贷，还要加上"存箱""另放"的费用，凡是当衣服的叫存箱，当钟表金银首饰的叫另放。受质的押品，以六个月为期，也有八个月的，期满不赎，即予没收变卖，典当老板又收到一笔不小的"押余"（押款与变卖价的差额）。赌客的质押品，主要是钻戒、手表、挂表以及其他金银首饰，甚至把大衣、长袍、呢帽、皮鞋等，为了要翻本，也送进了典当的大门。典当方面的收入，更是不合理，如赌客当天赎当，仅仅几个钟点的时间，也要收一个月的利息。典当的老板，就这样依附着回力球场，浑水摸鱼，为虎作伥来榨取赌客的钱财。

回力球场还有一套迷人的设备，以招徕赌客，如：设有酒吧间，供应中西菜肴、冷饮、咖啡及各种酒类。还有糖果间、衣帽间，等等，可说应有尽有。看台的过道上，配备了许多鉴貌辨色、口齿伶俐的跑票员，几乎五步一岗十步一哨，他们的职务是专门代赌客购买博赛票和领取红票。他们是没有工资的，反而要花一笔相当大的押柜，他们的收入全靠"外快"——赌客给他们的小账（后职工联谊会成立，和场方斗争，才有工资）。据说，最多的人每月有 500 元左右收入。那些跑票员摸清赌客底细后，甚至还放债给赌客做"垫款老板"，从中取利。总之，赌客在球场里掷送的金钱是难于估计的，不少人因之倾家荡产，甚至做出伤风败俗的勾当，从而引起家庭不和、夫妻反目，以至自杀等人间惨事。

1944 年初，法商中央运动场改名为"中华运动场"，由唐海安接任董事长。唐在抗战前曾做过上海海关监督，跟四大家族之一的宋子文有渊源。帝国主义分子沙逊每次来中国时，宋子文常派唐海安去联系。唐虽系国民党的官僚，不知怎么回事后来穷得只剩一个空架子，自从做了"中华运动场"董事长以后，马上阔绰起来，洋房汽车，颐指气使。可见回力球场确是一块肥肉，倒霉的还是那些在球场里被骗榨得倾家荡产的赌客。抗战胜利后，"中华运动场"被国民党接收，更名为"体育协会"，但仍是干着赌博的勾当。

上海解放以后，这个毒害中国人民的大赌窟——回力球场被连根拔除了，才名副其实地成为一个运动场——上海市体育馆。在这里曾经举行过无数次篮球、排球、乒乓球、羽毛球、拳击、武术、举重、体操等各种友谊比赛或表演。到这里来的人，不再是从前那样的赌客，而是成千上万的体育爱好者。

浪迹街头的艺人

——老北京的街头巷尾之一

翟鸿起

这里所记叙的旧时流浪街头的艺人，有相当部分是破产的农民，他们被生活所迫，靠卖艺为生，还有一部分残疾人，别无他计，靠卖唱为生。所得甚微，仅能糊口而已，如遇雨季生活就更为艰难，他们当中有单独一人，也有几个人组成的小集体，形成了老北京城中流浪的贫苦艺人队伍，出现在旧时的北京街巷里。

耍耗子

当今的青年人一看这个题目，可能认为是笑谈，可这毕竟是 70 年前北京街巷中见到的驯鼠艺人，俗称"耍耗子的"。《明清风物百图》中，就画有耍耗子的民俗图。

艺人身背一只小木箱，箱内装有驯过的小白鼠和应用的道具，吹着唢呐沿街卖艺，孩子们听到唢呐声，便知道是耍耗子的来了。蜂拥似的往门外跑，艺人看到有一定数量的观众，场地也适合，便演一场。如果吹了半天唢呐，街上没什么人，便转道他去。这样，孩子们最扫兴。

演出时，艺人打开木箱，将一块约一米见方的厚粗布铺在地面。在布的左边将一根镶有铁钎子的木棍钉入地里，木棍的顶端装一个木制的漆色的佛塔，塔下有一个可通过的小洞，塔下约30厘米处，与木棍交叉着两根棍摆成平的"米"字形，每根棍一端装有一个小道具，西瓜、桃、金蟾、鱼，另一处棍端用小绳吊着一个木制的小水桶。在这些道具上都有一个相通的小洞。在塔顶上装一个平顶的伞，就像戏曲中在皇帝身后撑起的伞那样，不过不是尖顶。这些道具都涂上相应颜色，做工也很精巧。在横竖棍交叉处，装有向两边伸开的软梯，形成了与地面有一定斜度的软索，着地一面，用钉子固定。艺人敲打一阵铜锣，便开始演出了，只见艺人从箱内取出一个木匣，拉开盖，请出了一个"演员"——小白鼠，放在软梯前，艺人口中边唱边念。所唱的是与道具相关的民间故事、神话传说，如《白蛇传》《刘全进瓜》《白猿偷桃》《李三娘打水》《姜太公钓鱼》《刘海戏金蟾》等，艺人唱的民间小调煞是好听。"云蒙山倒有一个水帘洞……"那一只只小白鼠按照艺人唱的不同故事，各自爬到与故事相应的道具上的小洞中，一动也不动。当时我很纳闷儿，那几个小白耗子为什么那样听话？最使人惊奇的是，一只小白鼠按照艺人唱井台会的故事，一溜小跑，爬到装有吊桶的木棍一端，用两只前爪拉一拉吊桶的小绳，表示打水。每当演到这里孩子们就惊呼不已。最后一个节目是一只小白鼠爬到平顶伞上，快速地原地跑，使那把小伞自然向后转动，伞边缀有的小铜铃，发出了叮叮当当的响声，观众赞不绝口，孩子们更活跃。尤其使人不能忘记的是有一只小鼠走错了路，爬到已经有鼠的地方，孩子们便大声喊着："走错了！走错了！"于是大家大笑不止。

听大人们说，白耗子通人性，是艺人们下了很大的功夫训练出来的。孩子们当中有的说："赶明儿我也逮几个耗子，我也教给它玩意儿。"那个说："不行，咱们家的灰耗子见人就跑，非得白耗子才行哪！"

耍耗子演出一场大约半小时，演出当中还要"打"两次钱，口袋里有钱的就给个三五分；没有钱的，便溜之大吉，北京人管这叫"看蹭儿"。

耍 猴

耍猴艺人肩扛一根有拳头粗细、约三米长的毛竹筒，在离尖端一米处，绑一根约一米长的横竿，横竿两头各吊一根粗绳，拴到竖竿尖端，像个伞字形。另背一只木箱，箱上坐一只小猴，东张西望，还牵一只小哈巴狗。一路行来一边筛锣。表演时以猴的节目为主，有翻筋斗、倒立行走、钻罗圈、骑狗、猴坐车等。小猴身穿一件红坎肩儿，在所有的节目中以猴戴面具最有意思了。艺人打着锣，牵着小猴，口中念念有词，半唱半说地表演民间故事，小猴打开箱盖，拿出一个盔头，像戏曲舞台上帝王将相所戴的盔头一样，只是尺寸小了许多，艺人根据小猴头戴盔头的不同样式，演唱出不同的民间故事或戏曲中的一个情节。如果小猴戴一顶八棱倒缨盔，双爪握一根细棍，背在后背，艺人便唱"廉颇负荆请罪"的故事。那面具类似脸谱，猴子从木箱中取出一个戴在脸上，绕场一周，艺人同样唱着与脸谱样式相应的故事。最使人发笑的是猴子有的将面具戴倒了，使假脸的下颌向上，猴子的脸却露在外面，紧张地四下张望，逗得孩子们哈哈大笑。由于那盔头演一场戴几次，不断地摘了戴、戴了摘，正应了北京人常说的一句歇后语："猴的帽子——戴不坏摘坏了。"

最后一个节目是艺人让猴子爬到竹筒顶端，那猴子龇牙咧嘴，就是不往上爬。艺人便问猴子："今天不练了？这么多人看着，为什么不练？"那猴便一蹿，跳到艺人肩上，嘴对着艺人的耳朵，做耳语状。那艺人听着不住点头。然后冲观众说："它说肚子饿了，跟诸位求个烧饼钱。"这便开始"打"钱。那小猴也拿着小帽子，随在艺人身后，有人将钱扔在帽子里，小猴便举起左爪往眉上一搭，算是行礼道谢，逗得观众大笑不止。有个淘气的孩子，捡个小石子，往猴的帽子里一扔，那小猴也行礼。"打"完钱，艺人对猴子说："这回有了烧饼钱了，该上去了吧！"猴子便快速地爬到毛竹筒顶端一伏，抱住竹筒一动也不动。艺人双手抓住竹筒，底部戳地，将竹筒画圈似的摆动起来，这样转两圈，就算是结束了。

艺人收拾道具走去，有些孩子依然尾随在后，想看下一场，有的孩子用小石子向猴子投去，还不停地喊着："猴屁眼儿着火！"猴子被逗急了，吱吱地叫着，有时还瞪着眼想扑过来，见此情景孩子们"噢"的一声，向四外散去。

类似这样的开心事，孩子们个把月才能遇到一次，所以一说起闲话，那小猴便是最感兴趣的话题，说起来眉飞色舞。即便是将石子投进小猴帽子里的讨嫌举动，也当作一件美事进行炫耀。这种情绪少说也得持续两三天。如果有的孩子没赶上看耍猴的，那才叫遗憾呢！

跑马卖解

就是人们常说的"跑马戏"。解（音：jiě），武术用语，指"套路"而言，也是矫弓的工具。这部分艺人多是小集体，五六人不等。他们肩挑道具，扛着兵械，牵着马沿街招揽观众。演出的节目有武术、马术、对刀、刀对枪等。其节目类型，演出人数，为街巷艺人队伍之最。20世纪40年代初我仅在幼时居住的胡同广场内看到过一次，后来就再也没有见到他们的演出。

"小孩钻坛子"是个很简单的魔术节目，可幼时看来颇有兴趣。道具是一个约一米高的小口坛子，那坛口看上去只能伸进一条腿，人根本进不去。表演时用比坛子略高的四块木板挡住坛子，木板之间有合页相连，可以折叠。一个十来岁的女孩子站在坛口上，露出上半身，只见她突然往下一蹲，打开木板，女孩便不见了。旁边另有一人叫着女孩儿的名字，只听坛内有人答应，还伸出手来不停地晃动。然后再将木板围住坛子，那女孩突然出现在坛口上，这时打开木板，女孩子跳下。为了表示那坛子不是破的，演员还用手拍拍坛子，以声音证明。当时我们看了这个节目觉得奇怪，有的说那女孩有真功夫，会解骨法，把骨节卸开，就钻进去了；有的说那坛子口是活动的，能取下来，要不为什么把坛子用木板围起来呢？众说不一。

"吊辫大回环"这个名称是现在这样叫它，记得当时叫什么"车轮大摆"，具体什么名堂早已忘了，演员是一个十五六岁的女孩子，短衣襟小打扮，腰系绸带，足下穿花薄底快靴，前额刘海式发，脑后一条乌黑粗长的大辫子，在场中丁字步一站，颇有些女英雄的气派。道具与现在运动场上的单杠一般，只是略高一些。用根粗绳拴四根铁钎，钉在地面。少女从一根立柱上攀缘而上，身手矫健、利落。双手紧握横杆，倒手至中间，将脑后的辫子系在横杠上。这时锣鼓声大作，一阵锣鼓声后，便开始"打"钱，几个人不停地吆喝着："各位请上眼，这场表演吊辫子车轮大摆，我们几个人混口饭不容易，请各位帮个钱力，多谢！多谢！""打"过钱后，只见那女孩双手脱杠，身子摆动起来，像是单杠中的大回环，锣鼓声也紧紧地敲打起来。当时我的心都要跳出来了，可围观的人却大声叫好，这要是把辫子揪下来，还不得把头皮揭下一层。转了两三圈，少女停下来，解开辫子下杠，又有人喝彩叫好。

更使人目不忍睹的节目是钻坛子的女孩被拧胳臂。她双手握住一根横棍的两端，然后下垂，双脚从中迈过，双臂向后，再向上举过头顶，使双臂在肩关节处拧了180度。女孩满脸通红，两鬓处的血管突出可见，就这样还直直地举着那根木棍，筛锣的人又开始"打"钱了。"打"完钱女孩才脱手恢复原状，我也才长长吁了一口气。

一场跑马戏下来大约一小时，中间穿插有刀棍武术、马术等节目。听大人说，那个小女孩是领家花钱买的，练功受罪，挨打受气，为领家挣钱。难怪他们看着孩子双臂前后拧了一圈，口里喊着让人家"可怜可怜"，却一点也不动心。

耍猴㑉子

人们都这样叫，又叫"耍乌丢丢的"，这个词至今也找不到出处和确切的字眼儿，可当时都这样说，有可能是根据艺人口里含的小哨吹出的声而繁衍出的字儿，实际是布袋木偶，演出节目很简单，可是却极有吸引力。

艺人独自一人，肩挑一副担子，一头是个三四层的大圆笼，另一头是个粗蓝布的大包袱。演出之前，先筛一阵锣，好像要把这前街后巷的人们都招来才可他的心。候着围观的人多了，他便将担子靠墙边放好，打开包袱，原来是个大口袋，一端与布相连的木制框架，像一个二尺多见方的镜框镶在口袋嘴儿上，木架中间有一道横梁，横梁中间有个小方孔，艺人在这个框架上用些布景木片像搭积木似的摆弄，不过都有榫，不大的工夫，这个框架上便出现了一个像一间古式小屋似的舞台，有一尺多高的四根台柱、屋檐、瓦垄、后幕布，出将、入相的上下场门，台帘整齐，做工细致，艺人将扁担的一头，插入那个横梁的方孔中，往起一举，这座靠墙的小舞台就展现在人们的面前了。

艺人钻进口袋里，敲打着大锣小锣，口里吹着口哨，就算是开台了。演出的节目总是那么两出，《猪八戒背媳妇》《王小二打虎》是每次必演的。至今回忆起来，好像没看过其他剧目，孩子们聚精会神地望着舞台，虽然看过几遍了，仍觉得有滋有味。

《王小二打虎》表演的是一个小孩到山中砍柴遇虎被吃的故事。这个木制的小人，身穿彩色衣衫，身后掖着斧子，边唱边走了出来。他唱的什么词，不只当时听不准确，直到现在也琢磨不透，好像本来就是木偶哑剧，就听着艺人在口袋里吹哨子的吱吱声。可笑的是那个木偶向后转身时，不是身子转，而是木制的人头，来一个180度的大转弯，再继续走，逗得孩子咔咔发笑。这时突然蹿出一只老虎，小孩一见大惊，全身抖动，用扁担与老虎搏斗起来，最后小孩子体力不支，被老虎一口一口地吞到肚里去了，老虎便趴到台边一动也不动。随后一个大人上场，像是找孩子，看到老虎，知道不好，便与老虎进行搏斗，先用木棍猛击老虎的头部，将虎打死。那人累得气喘吁吁，然后从虎的嘴里掏出孩子，大哭一场，突然那孩子又活了，这一出戏就算结束了。

艺人从口袋里钻出，手拿铜锣"打"钱，"求口饭吃，帮帮吧！"对孩子们说："回家拿钱去，回来好看下一出《猪八戒背媳妇》。"

《猪八戒背媳妇》与现在的木偶剧情节相似。八戒边唱边上场，身后背着一个美貌女子，走几步突然一晃，舞台上什么都不见了，这时台帘一掀，上场的还是八戒，不过身后背的却是孙悟空，这样变换三次，艺人模仿三人说话，独自一人钻在口袋里，永远也不知道观众是什么神态，粗嗓、细嗓来回变，锣声不断，也算是热闹。为了混口饭吃，可怪难为他的。

大鼓书

所谓大鼓书，就是当时人们说的盲艺人说鼓书，是曲艺中说唱的一种形式。这些流落街头的盲艺人大多是仨一群，俩一伙，有唱的，有伴奏的，生活上还能相互照应，有一男一女，三十几岁，人们都说他们是夫妻，男的弹弦，女的唱。身后的布袋里装着三弦，手拿鼓架子，那鼓也装在布袋里挎着，手拿"马竿"，沿街卖唱。他们当中有的是先天失明，生活没有着落，便拜师学艺，靠街头卖唱所得微薄收入维持生活。

他们在街巷中说唱，有两种方式。一种是在胡同较宽绰的地方设摊，住户有人拿出凳子，开水，每唱一小段，"打"一次钱。另一种是街巷中的"热心肠"出头组织，从愿听书的住户中攒一定数量的钱，请了盲艺人来演唱，这种形式有时能来四五个人，分头演唱。这两种演出一般是在春末至中秋，以夏季为多，傍晚在空场上，年岁大一些的人，拿把芭蕉叶，搬个小板凳，沏上一碗茶，花钱不多，听起来倒也舒适，这大概就是我们上一辈人的娱乐生活。盲艺人会的段子很多，有成套成本的，有片段，也有独立的小段。他们还很客气地请人点段子。一般的是西河大鼓、乐亭大鼓、河南坠子。给我印象最深的是一个20多岁的女艺人，双目先天失明，唱的是河南坠子，那拉弦的将小梆子捆在桌称上，在梆子上拴一根小绳，小绳的另一端有一个皮套，套在脚上，用它来敲梆子与弦的节奏配合。女艺人手拿两根像镇尺似的木板，打出清脆的响声，之后便唱了一段，那唱词是："王二姐绣楼泪双流，思想起那二哥哥赶考没回头……"后来才知这是《摔镜架》全段的第一句唱词。不知为什么我对这些民间故事产生如此浓厚的兴趣，以至后来对戏曲、曲艺偏爱到了如醉如痴的地步，大约与幼时的生活环境以及后来从商时的经历有密切关系。

记得在这一阶段听过《卖油郎独占花魁》《白猿偷桃》《三下南唐》《施公案》《彭公案》《刘公案》以及言情小说的片段。

在所有的街巷艺人中，盲艺人是最苦的了，他们双目失明，行动不便，但为了生存，只有走街串巷，依靠卖艺作为谋生手段，维持起码的生活，可以说他们仅比乞丐强一些。

捏面人儿

旧时，称捏面人为"捏江米人儿的"，是说那面是江米面粉的，现在叫作面塑。是我国的传统手工艺术，在所有街巷艺人中，唯一称得上是手工艺术的，就是面塑。

捏面人儿按技艺档次可分为两类。一类是走街串巷卖给孩子们玩的面人儿，这种面人儿只能当玩具，不管是造型、工艺等都比较粗糙，也就是常说的大路货，但它价格低，适合在街巷里出售，所捏的不外乎孙悟空、猪八戒、穆桂英、大公鸡等。另一类是在庙会集市有固定摊位的面塑艺人捏的面人儿。那时每天都有庙会集市活动，按农历日期排列。逢"三"是土地庙会（今宣武医院一带），逢"四"是花市集（今花市大街、花市上四条一带），逢"五、六"是白塔寺庙会，逢"七、八"是护国寺庙会，逢"九、十、一、二"是隆福寺庙会。

有固定摊位的面塑艺人，是真正的工艺师，他们技艺高超，手下的人物造型优美，神态逼真，色泽艳丽写实，小巧玲珑。捏好面人儿粘在硬纸托上或放在玻璃罩内陈列，而不用苇秆插放。他们捏的多是我国历史故事、神话故事、民间传说中的人物造型。如《桃园结义》《断桥》《负荆请罪》《司马光砸缸》以及《三国演义》《水浒传》《红楼梦》等，而且都按原著中的情节设计人物造型，这些人物千姿百态，栩栩如生，因而有很高的观赏价值和收藏价值。

　　提起捏面人儿，我回忆起一位老艺人，事隔半个多世纪，仍记忆犹新，令人难忘。

　　那是 1941 年春，在西单北大街临时商场（今槐里胡同西口外）迤南，一位年逾花甲的面塑老艺人，在便道上摆摊出售面人儿，一只小木箱放在一个大马扎上，另附一块长板，老人坐在箱前的板上正聚精会神操作，他两目炯炯有神，花白胡须，戴一副椭圆直腿眼镜，穿一身灰粗布裤褂。在小箱的托板上放着一个一寸高的小娃娃，头戴粉红色绒球线帽，身穿湖蓝色童装，手里拿着一个小皮球，面带微笑，那一双眼显示出欢快的神态，仔细一看那黑眼球中闪光的白点，如同照片一般。我放学回家路过这里，看到这位老人操作，舍不得离去，站在摊前，又向那个小娃娃旁边看去，原来是用硬纸托着半个核桃壳，破面向外，里面好像有东西，好奇怪，这半个核桃皮摆在这儿干什么？这时我才仔细地往核桃壳内看去：上有蓝天白云，远山，碧海，竹林，中间站着一位身穿素白衣服满头黑发的女人，赤脚，左手打问讯，右手拿一柳枝，这个人和我家供桌上的瓷佛像一般。奶奶说：他是南海观世音菩萨，而且是男身女像。这个核桃壳里的人莫非就是他？在他左下方有一个小男孩身着浅湖色衣衫，双手合十，跪在水面中的荷叶上。在观世音的右侧，立着一位粉色衣衫的少女，双手捧着一个小白瓷瓶，右上方空中飞着一只小白鸟，张开翅膀，嘴里衔着一串牟尼珠。这三个人物神态栩栩如生，服饰线条清晰，用色淡雅，就连观世音的脚趾，也历历可数。我张着嘴看呆了。平时我最爱收集一些小工艺品，摆在桌上，自己的手工劳作课成绩也在全班名列前茅，今天见到这个观世音面塑，比我所有的收藏品都高级多了。我得买下它，可又不敢问价钱，再说我身边也没有多少钱哪！终于胆怯地问道："爷爷，那个观世音，多少钱哪？"老人从眼镜上边翻了我一眼："三毛。"我把手伸向衣兜，拿出来一数，只有两毛五，这还是奶奶每天给我5分早点钱攒的。我低着头不好意思地又问道："我……这儿就两毛五了，您看……"老人摘下眼镜，望着我："你给多少钱？"我把钱递给老人，老人又瞅了我一眼，拿起那核桃壳，说："好好收起来，那面人儿干了不要紧，裂不了，不磕不碰多久也坏不了。"我顾不得听这些话，接过那半个核桃壳，好像有几斤重，心里也乐开花啦！双手捧着走回家去。一进门三姐就问我："什么事那么高兴？得了100分？"我小心翼翼地将这半个核桃壳放在西屋供桌的花瓶后边，生怕别人拿了去，后来虽几经迁居，我都将它安全转移到新居。

说起来真奇怪，我真拿它当佛像供起来了。有一次在正通奖券行买了一张彩票，我把彩票压在那纸托下边，还祷告了几句，结果也没中彩，尽管如此可我还是像爱护珍宝那样收藏着它，一直伴我度过了25个寒暑。"文革"时，我含着泪水砸碎了这个被人称为带有封建主义迷信色彩的偶像，25年来虽然它没有给我带来什么福，但这次我却真怕它给我带来祸事。

近几年来在街巷和农贸市场又见到了捏面人儿的青年艺人，二十二三岁，他们的手艺只能捏大路货，一个猪八戒要价2.50元，稍精致一点的就得5元，可都比不上我那半个核桃壳。和他们聊上几句，才知道他们是苏、皖一带工艺中专的学生，是利用假期旅游，靠手艺收入贴补些路费，同时还观赏了北京的名胜古迹，风土人情，对他们的创作很有帮助。我又想起了70多年前那位面塑老艺人，那时是靠手艺糊口，如今这辈人靠手艺外出旅游，两者怎么比啊！世道就是变了。

旧社会的女说唱艺人

王艳芬

我在旧社会从艺20多年，目睹黑暗社会的腐朽、污浊。说唱艺人在旧社会被人称为"下九流"，比戏曲艺人还不如。特别是女艺人，在豺狼当道的年代，有几个能逃得过邪恶势力的摧残与蹂躏！财主、阔佬儿不把我们当人看，而当成他们娱乐的工具，高兴了喝上两声彩，多扔给你俩钱，不高兴了大茶壶就扔上台来，再不就砸了你的场子、掀掉你的饭碗。记得有一次，在天津南市的一个书场里，我说到中途下了扣子，伙计端一笸箩敛钱，听众中有一恶霸二少爷，伙计不知道，收钱时只冲他点了一下头，哈了哈腰，嘴里没呼"二爷"，这恶少顿时翻了脸，一抬手掀翻了笸箩，又顺手把一条板凳扔上台来，这一下就把场子搅乱了。最后园东出面说和，才免了一场风波。

日伪时期，因在北平生活困难，我们全家曾离开北平到石门（现石家庄）演出。到石门不久，一个伪巡官请我赴宴，被我母亲拒绝了，第二天他就借口检查许可证把我打了一顿。我和母亲到警察局报案，谁知那巡官正是警察局长的小舅子，结果我们母女反被关押起来，挨了多少打骂，花了许多钱才被保释出来。警察局长还下令要我们马上滚出石门。我们忍气吞声，上了北去的火车，可那巡官仍不罢休，又让查票的打了我们一顿。真是有理无处诉啊！

新中国成立前，做艺的不受人尊敬是普遍现象。当年焦秀兰、焦秀云姐妹俩也在天津、北京等地演唱西河大鼓。有一次，焦家姐妹不知怎么就得罪了天津的青帮头子袁文会的狗腿子，散场坐车回家时，忽然从暗处扔来一个屎罐子，不偏不倚砸在正当面，她心里那股委屈和气愤真是无法言说！像这样的遭遇哪一个艺人都遇到过。更令人不能忍受的是，女艺人唱红后，常常树大招风，官员、老财、军阀使尽手腕拉你入火坑，不是给他做妾，就是被糟蹋后又被抛弃，这样的例子举不胜举。

旧天津的混混儿

李然犀

庚子年（1900年）前，天津有一种流氓，名为混混儿，又叫混星子，憨不畏死，讲打讲闹，混一时是一时，自称是"耍人儿的"。他们有组织，没名堂，不劳动，不生产，但凭一膀子力气、一派言语在社会上立足；有的竟能"成家立业"，甚至厕身缙绅之列。但一般人认为他们是不足齿之类，敬而远之；官场中行公文，称为"锅匪"。

源流组织和作风

混混儿最初原本是反清的秘密社会组织，创始在清代初期，据传说乃是哥老会支派，只因年深日久，渐渐忘却根本。事实上他们确是和官府作对，因而设赌包娼、争行夺市、抄手拿佣，表现种种不法行为。但遇有地方公益，他们也有时见义勇为，出人出钱，而且抑强扶弱，抱打不平。

混混儿们往往在闹中取静的地方，半租半借几间房屋设立"锅伙"，屋中只有一铺大炕、一领苇席和一些炊具桌凳，这便是他们自称的"大寨"，首领称为"寨主"。屋内暗藏有兵刃，如蜡杆子、花枪、单刀、斧把之类，有事一声呼唤，抄起家伙，便是一场群殴，无事只在里面吃喝盘踞。寨主之下有两三个副寨主，另外聘一个文人暗中策划，称作"军师"。余者概无名称，寨主对于众人一律称为兄弟。入伙不举行任何仪式，没有师徒行辈，只按平日行辈相称。混混儿入伙叫作"开逛"，日后因故自动退出的名为"收逛"。有新加入的，当天大家吃一顿捞面，如是而已。

加入锅伙的人不外是好吃懒做的游惰少年、不守家规的子弟，也有些逼上梁山的，乃是鞋行工人。那时鞋铺里多没有作坊，本柜同人只管开夹子、剪面子，发给女工在家中粘面子、沿口，以下掐皮脸、圈底、绱鞋等手续概由外作坊工人做好，按件给酬。但交活时，鞋铺却百般挑剔刁难，稍不如意，就得返工另做。工资也不当日照付，经过多次哀求，还只给一部分；而又不是现款，用低值的日用品强作高价折合；当时若不收，便没日子见钱。工人为了两顿饭，只好忍痛接受。一俟他们到忍无可忍时，便咬牙跺脚，抛弃这碗饭，投入锅伙充当混混儿；为的是脱离羁绊，遇机寻衅报复，发泄冤气，特意到鞋铺借买鞋照样挑剔发横，这时鞋铺中人也只得忍气吞声，反受他们的气了。

混混儿的穿着和常人不同，入伙时觉得自己了不起，手中稍微有几个钱，便穿一身青色裤袄，做一件青洋绉长衣披在身上，不扣纽扣，或者搭在肩上，挎在臂上；腰扎月白洋绉搭包，脚穿蓝布袜子、花鞋；头上发辫续上大绺假发，名叫"辫联子"，越粗越好，不垂在背后而搭在胸前，有的每个辫花上还塞一朵茉莉花。他们走路也和常人不同，迈左腿，拖右脚，故作伤残之状，所以当年人们又称之为"花鞋大辫子"。但是每遇久经世故的老前辈看着不顺眼，当面予以申斥时，他们又立时将发辫后垂，敛手站立，诺诺连声。有的老前辈勒令其脱下花鞋，手拿着走，他们也谨遵莫违，候老前辈走远再穿鞋走。

混混儿平日无事可做，只想招灾惹祸，讨一顿打，借此成名。按他们的规矩，挨打不许还手，不准出声呼痛，这叫"卖味儿"。倘若忍不住，口中迸出"哎呀"两字，对方立时停手，这人便算"栽"啦，从此赶出锅伙，丧失资格。但破口大骂的不在此例。混混儿们有机会随同打架，应当本着"不肤挠不目逃"的精神，勇往直前，争取胜利。有人用刀剁来，应当袒胸相向；斧把来打，用头去迎，以示不畏；如果软化或用武器去搪，名为"抓家伙"，虽不致立时被斥，也被贱视，成为终身笑柄。

如此经过一个时期，一些混混儿渐渐有了声名地位，这时可以寻个生财之道，凭胆量、气力、言谈谋个自立之路。再过一个时期人届中年，饱经世故，对人开始和蔼客气，穿着上也务求朴素：袍子渐短，马褂要长，袖子比常人长一二尺，为的是袖中暗藏斧把；有的腿带子上插一把匕首（俗名攮子），时刻不离身畔；衣服颜色，由青蓝而灰，鞋也改穿双梁布鞋、缎鞋。

有的混混儿到了老年，家成业就，便回家享福；有的中途转折到县衙门班房里补个名字当差，熬成班头，来路也颇可观；有的到总兵衙门投效，也可做个小武官。总兵俗称镇台，管辖天津、河间两府十几个州县的军务，有不少武职地位。混混儿们差不多先做旗牌在衙中服役，一点点地递升做千总、把总和外委的职位。在李鸿章做直隶总督时，认为其中大有人才，居然有些混混儿被拔充为统领以上的军官。

他们发财致富之后，即改变服装：长袍短褂，绸缎缠身，云子履、夫子履，表面上和乡绅无别；或者做办理地方公益的董事，遇事排难解纷，垫人垫钱，仿袭古人所称的"任侠"一流人物。不过他们仍要挺起腰杆，说话提高嗓音，使外人一望即知其为如何人。混混儿不知要受过多少折磨和考验，方能造成名利双收的露脸人物。露脸以后，年纪已老，更须保持令誉，言谈行动不得有丝毫差错。倘若一时失于检点，一言说错，一事做差，被人问短，顿时前功尽弃。在这种情况下，他们唯有把自己禁闭在家中，永不见人，至死不出大门一步。

当年天津城内东南角草厂庵前有两个混混儿世家，一姓滕，一姓窦，每姓都有百十个族人；其中有个姓窦行三的老者，人称"窦三爷"。这窦某壮年时做过一件错事，不知为了什么把盟弟张某用刀捅死，经许多和事佬出面调停，私了人命，劝令苦主不必经官，窦某除为死者发丧外，还另对孤儿寡妇每天交钱"一吊"作为抚养费。如此履行若干年，张家母子得以生活无缺。后来张子长大也投入锅伙，关于前事，家中外面皆讳莫如深，本人只知道这位盟伯是由于一番义气，抚养自己成人，感激莫名。不料后来窦某得罪了人，前事便被和盘托出。张子得知这段隐情，顿起复仇之念。他知道窦某每天早晨必出东门到天后宫前河沿一家外号破锅（谐郭）的澡堂内洗澡，便在一个冬天的凌晨预先到东城根等待，窦某走来时，就迎上前去道："三大爷，咱爷儿俩说句话……"遂从身边取出一把刀子，把刀尖对着窦某继续说："我爸爸怎么死的？"窦某知道勾起前案，今天必有一场祸事，为了保全性命只好装呆说："老啦！70多岁的人糊里糊涂，以前的事全忘了，不记得怎么回事啦！"这话分明是装傻图赖，顾惜性命，表面既不承认，又不否认，含混搪塞，按耍人儿规矩算作"走基"。对方见他如此，认为自己完全胜利，冷笑一声说："好，既是想不起来了，我也不必再往下问，反正你明白，我明白。"说罢收起刀子，抹头就走。窦老者愣了些时，自知这人势必逢人皆道，不久即传满全城，自己再没脸见人，立时返回家中，终身不出大门一步。由此看来，成名的混混儿到老年自比名贵的瓷器怕磕怕碰，有些新出来的后生，时常想掀翻老前辈，遇机把成名的人物掀倒，自己也可成名。但小鬼有时斗不过老鬼，被他用言语支撑，软一句、硬一句就打断了小鬼们的野心，无法下手了。

女混混儿 混混儿中当年也有女人，虽然为数无几，做出事来却不让男子，个中杰出者便是火烧望海楼教堂案中崔老台之妻。当时天津人焚毁教堂，杀死18个法籍男女。曾国藩被清廷特派来津和法国领事谈判，结果除赔偿损失外，要18个人抵命。无奈杀人的凶手已经逃无踪影，不得已由一个在籍的武官（也是混混儿出身）张七把自告奋勇，一手包办。他用骗哄手段，骗得18个混混儿情愿舍身纾难，崔老台即是其中之一。张七把按每人500两银子包下来，18人抵命后，每家只给50两。后来驰名遐迩的崔老台的妻子顶着丈夫的名字，加入混混儿阵中，打架奋勇当先，堪称一员健将。她平日以卖糖为生，自食其力，有时想起仇恨，便到张家门前叫骂。张七把只得烦人出资了结，前后不知多少次。她身体高大，相貌魁梧，做事豪爽，膂力过人。有一次她到一家大柴火厂，厂主要试试她的膂力，向她说如能扛起一个大苇坨子，分文不取任她拿走。她一声不响，扛起一个100多斤的苇坨子便走了。

敛财之道

锅伙长期养着一群闲人，必须设法觅取生财之道，以资维持。

开赌局 开赌局是最普通的方法，只要有宽阔地方，赌徒不难招致。锅伙选强梁的混混儿做局头，拨些打手相助，立时成局，其中以押宝、推牌九、摇滩获利最多。每日所抽的头钱以千百吊计，除一部分给执事人外，尚有一大笔收入，便不愁锅伙中吃喝。开赌局要对官方人随时应酬，年节还得点缀一番，即可平安无事；遇有搅局的，打手们自己可以应付。

抄手拿佣　一年四季，天津城乡一带需用青菜瓜果甚多，都来自四乡和外县。乡民运货来到天津，在沿河一带及冲要地点趸售，自由成交，并无任何花销。左近的混混儿就出头把持行市，硬要全数交给他们经手过秤，转卖给行贩，成交后向双方取佣。初时当然无人听从，他们便用武力解决，打翻几个，不怕你不俯首帖耳，百依百从。这叫作"平地抠饼，抄手拿佣"，系打下来的定例、行规。当年天津西头老老店是大批瓜菜总汇点，初设立定例时，混混儿们不知经过几次恶战，伤亡了多少人，才奠定根基。

鱼锅伙　无论西河、北河的河鲜和海河的鱼虾蟹由船运到天津，必须卸在鱼锅伙里，由混混儿开秤定行市，卖给全津的大小行贩，他们从中得佣钱。河东水西有不少的鱼锅伙把持，分有疆界，各占一方，其中以陈家沟子、河北梁嘴子、邵家园子几处为巨擘，而李家、赵家、邵家乃是其中最大的。李家是陈家沟子的首户，即是江西督军李纯的上辈；邵家、赵家是河北一带老财主，出过不少的文武举人、秀才，当年都是由武力创出来的世传事业。

把持粮栈　一般粮行斗店代客买卖是官方许可的正式行商，锅伙这般人也可以在村边料峭的地方，以武力把持，和上述是同样性质。

开脚行　脚行表面上是替行栈客商起卸运输的承揽人，有定价、行规，但索价极高，而以极低的代价叫劳动者搬运。劳动者流血汗挣来的工钱仅足糊口，混混儿所得却超过其若干倍。他们各有辖境，互不侵犯，管装不管卸；如兼管卸货，须另给当地脚行一笔费用，名为"过肩儿钱"，若违犯行规，便是一场凶殴。

以上数端都是荦荦大者，皆能得到大批利益。此外尚有小赌局、小瓜菜市和其他小规模方式。

摆渡的　当年各河桥梁不多，每隔一个地段必有摆渡口，渡口撑船的也是混混儿们把持。有的一家独揽，有的两三家合作，每人过河一次虽只一文钱，而一日所得为数也颇可观。这也是凭争打得来的世传事业。

口上的 口上的是小脚行，仅限于抬轿和替人搬家，以及遇有婚丧大事代雇小工等，每两三条巷子，必有一家口上的混混儿把持。一般也有管界，不得逾越，违者也能酿成群殴。这行又名"站口的"。

拦河取税 当河拦一道大绳不令船只渡过，派有专人把守，船经过时给他一笔钱，方能撤绳放行通过，违者立即苦打。当年有几句民谣，"打一套，又一套，陈家沟子娘娘庙，小船要五百，大船要一吊"，即指此事。

立私炉 天津南关外二三十里，原是一片荒凉地带，出南门便是荒草水坑。混混儿在那里私立铸钱炉，用带砂子的次黄铜铸钱。所铸一般都是光绪钱，其薄如纸，入水不沉，名为"水上漂"；其小不及原来一半的名叫"鹅眼"；也有较大较厚的。这些钱私运入城，每三四吊换正式制钱一吊，他们从中渔利。商人把私铸钱买到手中，掺杂正式制钱中使用。

这些行业都和府县衙门差役有勾结，平日供奉，三节送礼，应酬周到；而公门差役多半是混混儿出身，岂能物伤其类。常言说："民不举，官不究"，下边无人告发，上边乐得糊涂，双方勾搭早成公开秘密。若遇事情闹到不可开交，官厅少不得做做样子，出示严禁，派差抄拿，择几个平日应酬不到的混混儿抓来充数。他们也知进退，临时收场，候风声平定，继续再干。

除上述敛财之道外，混混儿们还有捧场的赠予。当地绅商若有求这类人物时，赠予钱财、米粮。打完群架之后，受官刑挨打的，打架受重伤的，也有人送钱、米、点心、食品，应有尽有，送的东西堆积如山。

因为他们没"走基"，露了脸，理当予以鼓励，混混儿们亦认为无上光荣，名利双收，乐此不疲，死而无怨。

争行夺市

混混儿有了平地抠饼、白手拿鱼的无本生涯，便有人存心觊觎，想从他们手中夺来享受，于是掀起争行夺市的平地风波。具体争夺的方式分个人的和集体的，略述如下。

搅赌局 赌局抽头，可谓日进斗金，羡慕的自然大有人在。但若想从中染指，也不是容易的事，必须单人独马，闯进赌场大闹一场。闹的方式方法各有不同。有的闯入赌局，横眉竖目，破口大骂，声称把赌局让给他干几天。局头见祸事到来，挺身应付，说不到三言五语，两下说翻，一声令下，打手们取出斧把便打，来者应当立时躺下卖两下子。躺下有一定的姿势：首先插上两手，抱住后脑，胳臂肘护住太阳穴，两条腿剪子股一拧，夹好肾囊，侧身倒下。倒时拦门横倒，不得顺倒，为的是志在被打，不能让出路来替赌局留道。如果一时失神躺错，主人借此自找下梯，诬赖他安心让路，不是真挨打来的，奚落几句不打了。这一来便成僵局，来人空闹一场无法出门，结果是丢脸不曾达到目的，反闹一鼻子灰。有的横倒下后，仍是大骂不休，要对方打四面。其实只能打三面，打前面容易发生危险，既无深仇大恨，谁也不肯造成人命案子，那一来赌局便开不成了。打时先打两旁，后打背面，打到分际上，局头便自喝令："擎手吧！够样儿了。"打手们立时住手，听候善后处理。另有人过来问伤者姓名、住址，用大笪箩或一扇门，铺上大红棉被，将伤者轻轻搭上，红棉被盖好；搭回去治伤养病。有礼貌的主人亲自探病，好言安慰，至此改恶面目为善面目，少不得送钱送礼。这便是天津俗语所谓"不打不相识"。挨打人伤愈后，经人说和每天由赌局赠予一两吊钱的津贴，只要有赌局一天存在，风雨无阻，分文不少，或自取或派人送到，名为"拿挂钱"，江湖切口叫"拿毛钿"。双方从此反成好友，这人算有了准进项，便可安然享受。如果被打的喊出"哎呀"二字，不但白挨一顿打，而且要受奚落，自己爬着走开。当年颇有些初出茅庐的混混儿，未经考验，率尔轻举妄动，势必丢脸而回。

还有的混混儿另用一种方式：进门后不动声色，到赌案前自己用刀在腿上割下一块肉作为押注，代替押宝的赌资。有的宝官只作未见，押上时照三赔一的定例割肉赔注。这一来便不好了结，双方造成僵局。另由旁人过来，满脸赔笑婉言相劝，结果仍须给挂钱。不幸押输，宝官把肉搂走也是不好下台的。对方只好将案子一掀，做二步挑衅，少不得重新挨打。遇有识事的赌头急忙赶到笑着说："朋友！咱不过这个耍儿……"随向手下人说："快给朋友上药。"便有人拿过一把盐末，掭在伤口上。这时来者仍然谈笑自若，浑如不觉疼痛的模样，神色如常，少不得经人解劝，结果也可以每天拿钱。总之，不打出个起落，是不成的。及至言归于好，反成莫逆之交，便是俗语说的"好汉爱好汉"了。

至于集体搅局，必须带领一群，扬言整个接收。赌局中素有防备，双方便是一场恶战。但看结果如何，败者退出，胜者占有，也就是说败者无条件让渡，扬长一走也不顾惜。若打不出胜负来，必经外方和事人说和，赌局成为共有，通力合作，利益均沾。

争脚行　脚行有大有小：大的能霸一条繁盛的大街，所有铺户皆由他起卸运输，或独揽一家斗店、行栈，向火车站、水旱码头等处大批搬运；小的在比较冷落去处，做些零星小搬运。但无论大小，都有坚固的组织，大头目之下有若干小头目都是当初出力的，每人有一根签作为世袭罔替的凭证，每天按大小股分钱。本人死后，由子孙们承袭。后代子孙另有出路不屑吃这碗饭的，可以把签卖给他人顶名接替；不成才的子弟，到了债台高筑，无法维持时也可出卖。所有持签者多半不出去供职，只在家中享受。倘若有人想趁机谋夺，单人独出的常用前述方式，卖咮挨打，争取一根签分钱；集体的可以整个夺取，一场群殴后决定胜负。他们为了终身衣饭，势必拼出死命地恶斗，一场分不出强弱，不惜再接再厉，竟有铡刀铡人、抬小炮子轰击的惊人恶战。有的经官缠讼，多年不能了结。

夺老店　当年夺老店曾经造出惊人奇事。据老年人传说，当年夺老店，双方不止于争打，尚有摆阵、约定时日，当场比试的。有的架一块大铁板，用火烧红，赤足在上面走几趟，对方不能照办，知难而退。最令人胆战的一次是：主人张绍增（回教徒）熬热一锅油，跳在锅里炸死，从此无人再敢生心，奠定了子孙们永世衣饭根基。这事哄传一时，六七十岁以上的人都知道这件事情。

夺粮栈　河东有一家粮栈，主人外号叫"王半城"，因为有人谋夺他的事业，他当时慨然应允。待谋夺人到来，他在门前烧一锅热油，伸手到热油中捞了几下，将手臂炸成焦炭，一次就把对方惊走了。

打群架、受官刑和其他

混混儿认为打群架是正当行为，更有一定的步骤，不论是争行夺市还是因细故斗强，或约定时、地，或突然袭取。有的事先由一方约妥若干人预做准备，名为"侍候过节儿"。在准备期间，一律集中在一起，每日供应好吃好喝，没有巨款的势难应付，因所约多至百人以上，少也数十人。有的日期不能预定，因为对方何时来到难以预测，一时一刻不能放松，但表面上要不露形迹，有人问及，坚不承认，只称万无此事。至于公开争斗的场面便又不同：人到齐后，门前摆出所有的兵刃，名为"铺家伙"，意在示威。在出发前，如同对方有"死过节儿"，预先要选定几个人准备牺牲，或自告奋勇，或用抽签法取决，名叫"抽死签"。即使当场不死，事后也由这些人顶名投案，认作凶手。出发时，寨主当前，众人随后；长家伙当先，短家伙跟后，一概散走，并无行列；最后有些人兜着碎砖乱瓦，在阵后向对方投掷，名叫"黑旗队"。双方会面后，用不了三言两语，立即会战。他们平日不练武术，只有少数人能抖蜡杆子，余者一概猛打猛剁，但只限于头破血出、肢体伤残，不必要时谁也不愿酿出人命重案。及至打到分际上，甚或有死亡的，才有人出头劝止，再办善后。

当时负责地方治安的乡甲局（它的职责有如后来的警察派出所）有一个小武官称作"老总儿"，手下有些兵丁名叫"老架儿"，平日维持交通，弹压地面；晚上小官出巡，照例前面打着两个"气死风"的官衔灯，四名老架儿跟随，骑在马上也颇威风。老总儿听到该管地保（天津人叫"地方"）来报混混儿打架时，立即驰往肇事地点弹压，到时只在远处遥望，并不制止；直到打架人停手，方才近前几步喝止。双方明知乡甲局已到，只作不见，毫无忌惮地苦斗。斗到将要停下来，又听见吆喝，少不得给点面子，众人闪在一旁，双方寨主走到马前，请一个安说："副爷请回，我们一会儿就到。"所谓"副爷"马上一拱手说："好吧，回头再见。"副爷走后，双方寨主各自查点，死亡的候知县验尸，重伤的抬回，一声令下："哥儿们，丁着下！"便甩着长袖子各回锅伙。回去后才准备叫顶凶的投案，受伤的听候验伤；如认为受伤人数不多，由寨主选些无用的人冷不防把他们打伤或剁伤，以便凑数。投案的到了乡甲局，官方并不审问，仅具备一张呈文押解到县衙处理。

县官早已得报，先带凶手到尸场验尸、验伤，随即回衙升堂审问。双方上堂，争先抢做原告，要先受一次苦刑。这时堂下瞧热闹的挤得风雨不透，多半是各方的混混儿，由寨主起，凡属已成名、未成名的都来观看。有关的双方尤为提心吊胆，生怕自己的人当场出丑。受刑首先是掌嘴。挨打的也须懂行，如不把嘴张开，将来两旁槽牙皆掉。打时皂隶掌刑，且打且唱报数目，如果把钱花到满意时，可以徇私，打时多唱少打。挨打时每十下为一顿，受刑人还要低声叫"老爷恩典"。其次是打板子（打手心）。把手绷在墩上，也是十下一停，不过数目要200下为起码，多者论千，终归打得皮开肉烂，手掌迸裂，不然毒火闷在心里，伤不易治。挨打的最忌出声呼痛，犯者立时丧失混混儿资格，县官立即斥退他，当堂轰出。这时他要爬着下堂，堂下的老前辈们每人踢他几脚，一直踢出衙外。该人就此便断送一切，不齿于同类，即便另谋生路，污点一世也难洗掉。这次过堂只决定原被告，双方各诉一番理由，凶手寄押。挨打的如果没有"走基"，下堂时看的人们个个挑大拇指称赞，由两个人架到班房院中，早备好单间休息所休养，立时有人送钱、米、点心、鲜货、熟食。钱帖子塞在枕下，东西成堆，不问受刑人清醒昏迷，安慰几句，撂下东西走去。班房的班头、原差皆来道辛苦，慰问，备有鸡蛋清、子生牛肉片敷在伤处，并请外科医生治伤，伤愈后听候下次过堂。

二次过堂时，原告情节轻的可以责打一顿取保开释，下次传唤不误，情节重的不分原被告一同刑讯。这次以后即用大刑、酷刑，如打扫帚枝、蟒鞭、压河流、压杠子、坐老虎凳、上光棍架、跪铁锁种种。打扫帚枝乃是脱去上衣用竹帚打后背，起码是1000下，没有几下即能血肉横飞，好似一片红雨，溅得到处皆是。蟒鞭系用牛皮条编成，打在背上更为难搪，鞭梢有个疙瘩，甩到前胸，肋条可以击坏。挨打的昏迷过去，用草纸燃烟熏醒，或冷水喷面，也能苏醒过来。其余酷刑都是压腿，上刑不到几分钟，立时额角汗如雨下，随即昏迷。上夹棍时将两腿夹起用皮条紧勒，可以将腿夹折。以后隔些日过一次堂，到定案为止。

由于混混儿们被打折臂、腿是常有的事，于是便有应运而生的"正骨科"。正骨科创始人姓苏，当时被称为"苏老义"，天主教徒，是跟法国人学来的"绝技"：骨头折了，不用开刀，只凭手摸，即知伤势如何，什么地方折几块和折的程度。他两手隔着肉，便能对好骨，敷上药，圈竹篦，系绷带，再给几丸药吃。受医人伤好后恢复正常，不留残疾，阴雨之日，不觉痛痒。至今正骨科苏家，都是他的后代，并传些徒弟，成为独得之秘的专业。若有人在苏先生手里花一笔巨资，买嘱给受伤者留些残疾，也使人或者拐瘸，或者阴雨痛痒。治伤的找到跟前质问，他也承认，并云"如欲完全治好，仍须挨两遍痛"。有的听了，立时将残腿搭在门槛上，用斧头自行打折，求他重新另治。据说真有打两次，方给治好的。

混混儿打架经官方审理定案以后，按情节重轻依律判刑。徒刑计有"六年徒刑""十年大军""打解地""解狱"几种，都由县里出公文派解差押送指定地点，分别处理。关于前两种，清代时只用短解，不用长解，由两名役人押送，犯人戴鱼枷木肘，送到邻县，投文交差，再由邻县派差，一县递一县地送到终点。犯人被押到指定地后当堂释放，但不足年限不准私自回籍，违犯者谓之"逃军"，由当地县官查出行文到原县，出示严拿，并出海捕公文追捕。其实便是回来，衙门中人也不逮捕，除非是另犯他罪勾起前案来，才依法严惩。"打解地"和"解狱"都是一犯一差。解狱的到达指定地点入狱收押，打解地的到达后带锁放出，派专人看守。起解时一差一犯在途中到处讹索，类如遇到卖鸟的，犯人便说："人犯罪押起来，鸟犯什么罪也入笼里？都给我放了！"差人使作好作歹，令卖鸟的出钱买得眼前清静，不然买卖便做不成，差、犯二人得资后伙吃。至于逃军回籍的也有不幸者。当年有一个殷浩然，犯法充军十年，不足二三年他便逃回，由于强买一把雕翎扇，被卖扇人托一个候补官僚的儿子金少爷到县举发，捉到后严刑拷打几次，最后站笼而死。

死刑分"斩立决""监候斩"和"斩监候"三种。斩立决又叫"就地正法"，乃是对于案情重大、有关明伙抢劫、趁火打抢之类的犯人，一刻不能容缓，禀请上宪送营务处，按军法处置。其他两者全案上详，经知府、臬台三审之后，解北京打朝审后，仍解回原县收狱候判。能搪刑的可以在此期间推翻前案呼冤，谓之"滚供"，确有破出皮肉受苦滚出来的，然而九死一生，所余只有皮骨而已。如判死刑，仍须由北京批准，方能行文一层一层批到本县，秋后或冬至日执行，这叫"监候斩"。"斩监候"等于后来的无期徒刑，终身不能出狱，也有经过多年熬成"狱头"的，便是全狱之主。他可以向犯人任意勒索，单立厨房，任意吃喝，出口便是命令，无人敢违。若终老狱中，则被尊称为"当家的"。

混混儿打架伤人后，照例有瞧病的仪式。打人的带礼物亲自登门慰问受伤者，见面后一味客气，表面上不啻深交密友，彼此交谈十分亲热。当时认为不如是即为失礼，而且怕事。

混混儿们打架如果伤人不多，更无死亡，可以不经官涉讼，双方和解；也有已经涉讼，经人和解双方递呈息讼的。和解方式：由双方知交的老前辈（所谓"袍带混混儿"）凑集几人，分头向双方解释，请求抛弃前嫌，言归于好。他们必须说先到这里，经许可后再到那边，两下里都这般说，以示尊重。经过两三次说和，得到双方同意，再约定日期、地点，由和事人出资备若干桌酒席，并请些人作陪，双方按约定同时到来。双方见面彼此客气几句，都不肯先进门，互相让过三两遍，终由和事佬婉商，仍须一先一后入内。入座时后入的首坐，先进的陪坐；临走时后入的先出，先入的后出。入座时彼此一味客气，众人趁着帮腔，只叙旧交，不谈前事。这一席酒饭虽不是上等酒席，动辄三几十桌，所费也属不少。席间每人只吃一小碗饭便罢，双方遂同时起席向众人告别，出门后仍由原和事人相陪送回。这种会餐，俗名"坐坐儿"，双方经过这次会面，一揖分手之后，一场恶战从此告终。

此外尚有一种和解方式，不是私了，而是官了。头次过堂之后，如情节不重，可以由当地绅士联名递公禀请求和解，官方如认为无足轻重的案件，乐得多一事不如少一事，也能批准，传和事人上堂回话。这群和事人未必都是真正绅商，只不过些袍带混混儿充任。但他们确不是冒充，只因当年有一桩博得虚衔的规则。类如地方上临时出了军事、河工赈济，官府人员不够用时，召集一些急公好义的襄助，事后由高级长官发给一纸文书，给一个虚功名。虚衔共有两种，一种文职"六品奖札"，另一种武职"五品功牌"，得到这类奖札，即可顶戴荣身，厕身缙绅之列。后来奖札印得太多，任意滥发，减价出售，初时一张功牌奖札能值十吊八吊，后来贬值到两三吊钱，且是空白的，买到手中自己填写姓名，也能生效。买得者生前顶戴辉煌，死后报丧帖子上可称"诰授武德骑尉"或"文林郎"。当年的袍带混混儿手中不难有此奖札，到了堂上，袍子马褂，头戴五品水晶顶子，上堂不跪，谁说不是绅士呢。县官也赏面子，夸奖几句，令两造出具息讼的甘结，原案撤销，各自回家无事。

混混儿们固然以打闹为前提，但有时也不愿意事态扩大，不可收拾。当年天津城内东北角三义庙有个成名的人物贺庆远，年过半百，早在县衙做了头壮班班头，已成小康之家。他有三个儿子，因细故和近邻赵天二发生嫌隙，这兄弟三人把赵天二的腿打折。贺庆远闻耗，立即驰往肇事地点，一面申斥三子，一面安慰赵天二，将他搭到自己家中，请医治伤，百般款待。赵伤愈后已届冬令，贺庆远义替他做些新棉衣被褥，给了些钱很客气地送出。他知道这人是杀人不眨眼的魔王，俗称

"手黑"的人物，生怕他记恨报仇，一旦窄路相逢，儿子必有性命之虞，故用柔和手段敷衍。赵天二没有了生活着落，又不屑于住在锅伙中吃闲饭，故自己在东南角城上角楼中居住。贺庆远知道他绝不甘心，仍然不时访问资助，闹得赵天二无可奈何。后来赵天二得罪了侯家后的佟状元逃走在外，贺庆远这才放心。

另有一个叫张四的，打群架时手使单刀应战。战到紧要关头，眼看一刀下去对方立时毙命，他不肯造成命案，刀又不好撤回，便生急智，假作失手，将刀甩出多远，因此博得"飞刀张四"的绰号。又有一个人在河北群殴，一枪向对方肚子上刺去，身旁有个叫石桥刘老的忙用斧把将枪磕开，那人便是一愣。刘老忙提醒他："咱跟他没有死过节儿。"一桩人命案立时化为乌有。诸如此类，不胜枚举。总之，他们平日受过前辈的训练，遇事机警，绝不是一味蛮干，但遇到死过节儿却顾不得许多。所谓死过节儿，皆属前人的血债，势必报仇。其中有几件最忌讳的事，一件是被人扒下鞋来扔掉，另一件是往身上泼尿，都被认为是奇耻大辱，不惜以性命相拼，比血债还要紧，不把对方致死，誓不甘休。

这些人虽说天不怕、地不怕，有时限于经济或势力原因便吃不消了。然而，混混儿每到窘迫之际，却有救星从中斡旋，能够转危为安。当年做混混儿后援最出名的要数侯家后的佟再棠。他是个武状元，又是当地大财主，却不想做官，只在家中鬼混，平日庇赌包娼，武断乡里，暗中利用混混儿做爪牙。倘有人得罪"佟四老爷"，他不用本人出面，自有人替他处置，故一般人听到他的名姓无不心中害怕，当面恭维，不敢触犯。其次便是草厂庵的"戴二老爷"，考武的不走他的门径，休想考中。更有西头的王小鬼、河东云家大门的"云大老爷"，都是混混儿的护庇者。他们都是在籍的武官，所以戏剧中的武举多属反面人物，不是无因的。相反地，混混儿对于文人却畏之如虎，怕的是明面上说好话，暗中一张禀帖送到官府，便是大祸一场。东门内刘家胡同的文举缪铁珊不时写名片到县里举发混混儿的赌局，竟致赌局被查抄。所以混混儿见了文人一味恭敬，而文人们背地里常说："一张三寸纸条能送他们忤逆不孝。"当年都知道硬胳臂根儿惹不起拿笔管的。

上角、下角及其由来

混混儿中人分上、下角，以河北大街为分界。当年河北大街离御河不远有一座收税的大关，清廷内用的米和旗人发放的口粮都由南方运来，经过大关收一笔税，大关以西名为关上，以东称作关下，"上角""下角"的名称即由此而来。他们分界的原因有一段事实：远在100多年前，河北关下刷纸庙空场来了一伙子女斤斗（俗名"跑马解的"）。她们是游行江湖的艺人，全伙男女二三十人。男班主叫老汉，女班主叫老坐子，女艺人叫把式；一概不用外人，都是自己的儿女、媳、婿和徒弟。把式分"清门儿"和"浑门儿"，清门儿凭技艺挣钱，浑门儿兼操副业，下店后勾引浮浪子弟们做暗娼，所以人们都把"马班儿"视为流娼。但无论清浑，到了一个码头，至少做两三个月的生意，更要拜谒地方上的劣绅土豪为靠山，以防有人搅扰。这伙人下店后即拜见当地的寨主黑心王六，王六自是大包大揽，允诺帮忙。该班卖艺时需要一根大杉篙使用，上面绑椅子挂刀献技，谁想只因借杉篙便成了祸根，这伙女斤斗生意颇好，地面上亦见繁荣，便有关上幕安寺一家寨主"白张三"想约他们到他的辖境内演一期。事已经说妥，只是这类长大的杉篙一时难借。张三不得已亲自求黑心王六代借。王六认为夺了他的利益，当面驳斥，二人一番口角，经人劝开，张三自回。谁知王六尚有余憾，想趁此消灭关上的锅伙，独霸河北全境。在某日一个凌晨，王六带领多人把张三的锅伙包围。里面的人梦中惊醒，知道祸事临头，苦于门已被人堵住，无法出来，只得推倒后面的篱笆墙蹿出迎敌。无奈张三的人寡不敌众，被王六打得风流云散，将锅伙占领，而且波及旁家。关上的人全军覆没，关下的人侵到关上，设两三处锅伙做掎角之势，一切进益尽被夺去。关上的混混儿两三年不敢出头，个中有个王三是其中突出的人物，时时志在恢复，只是有心无力，没有大批钱财，不能举事。他不时在一家鸦片馆里厮混，暗中寻找机会。这日遇见河北大街路西郭家素铺（素饭馆）的主人，有意无意谈及此事。郭某一时兴奋，允下出一笔巨资替关上争一口气。王三有了保障，暗约关上有名的王九、王十兄弟为首，连同张三一干人分头募款约人。这次乃是空前的举动，凡是相识的锅伙都被邀到。黑心王六得了消息，也大量约人。到会战这日，差不多天津的混混儿一律来到。一阵苦斗的结果，关下失败，关上的锅伙依然复兴起来，而"关上王十"的大名从此无人不知。自此以后，凡被关上约请的锅伙概属上角，被关下约请的尽称下角。

上、下角既分之后，成为世仇，而各乡各镇所有锅伙都分了界线，成为习惯。有的隔几条巷即不同角，有的一条街上也分两角，界结很严，彼此不得越界。上角的混混儿误入下角地带，被认出来即遭攒殴；下角误入上角也是同样。他们更有一种习惯，素日无论交情如何深，一朝反目，终身不忘，不但避不见面，连对方住的街巷也不肯走。而且，除本人之外，尚传及子孙，结下累世解不开的芥蒂。只有侯家后的混混儿，因为环境关系，不分上、下角，有事两角都可约请，因此被称为"活轴子"。

中年以后的营生和活动

混混儿到了中年，自知平日所为不循正轨，而且危险万分，遇有机会，便另寻长久之计，致力于下述的营生。

开娼窑 开娼窑虽非正当营业，却得官方许可，若搭上个老妓，开个班子或较低级的妓馆，也能每日钱来伸手，饭来张口，无事提笼架鸟，喝清茶，听评书，斗纸牌，澡堂子、酒馆里都能消磨时光。有的结交官绅，得些意外之财。驰名几十年的天宝班便是个典型。天宝班的女班主小李妈原是西乡人，来到天津，初在振德店大盐商绰号"黄三大王"家中充女仆，后来结识了县衙头壮班班头陶庆增，二人在侯家后开了个班子，招来不少巨绅富贾大官。二人借此做了不少的卖官鬻爵、斡旋官司的生意，发了大财，庚子后挪到南市华楼旁。陶庆增死后，全仗女班主一人支持应付。民国后的北洋军阀曹锟、张作霖每到天津，必到天宝班盘桓时日，于是买卖更为兴隆，谋官求差的人情甘拜在门下认子认孙，作为升官得职的捷径。当年已被撤职的警察厅长丁振芝即走她的门路，运动张作霖，二次复职，并兼全省警务处长。直到民国十年（1921年）前后，她仍未死，已经80岁的人，外面仍称她"小李妈"。

开小押 小押当铺没有字号，暗中营业，当本比一般当铺大，利息却十分高，100天为满，不赎将物折本。当时预扣一个月的利钱，当1吊只给950文，合5分利，有的比5分利还重。

滚利盘剥 他们放利息钱有不少的方式，有的按月取息，普通的3分利、4分利；有的叫转子钱，借钱人写12个条子，一年还清，借10吊每月还1吊；或按日归还，出一个札子，借10吊每天还100文，120日为满，名为"印子钱"。还有更可怕可恶的是滚子钱、赘儿把、蹦蹦钱等名目，不外将息作本，息上加息，一经上套，便还不清。这类钱没有期限，借钱的多半系富家不成才的子弟，滚上些年，势必将房产地业尽数滚到债主手中为止，借钱人只落得家产尽绝，最后仍然不能偿清。其头初借时为数不多，经过几个月，本利合起，再给些钱凑成整数，如是堆积，便成千累万。当年冰窖胡同的邢美芝以开一个杂货铺为名，用此种方法获得无数的大宅子和门面，成为有名的富户。这种借款名叫"孝帽子钱"，父母在世，无法归还，父母一死，立即追索。更有所谓"见面利"，不论日限，见面即讨利钱，逼得负债人走投无路，唯有自杀。苦主无法申冤，他们却逍遥法外，即便告状到官也难受理。放债人凭借字据索偿，必经多人哀求解劝方休，他反落得放弃债权，轻财仗义的美名。

开戏园子　开戏园子比较容易，只要觅好相当地点，收拾好，赁些桌凳即可，只是不易遇到空园子。开张约角不用自己出钱，自有鲜货案子、壶碗、手巾把所谓"三行"代垫，他们每月应给园主一笔费用，应有垫款的义务，方能在园中作业。这类营生，无人争夺。

开落子馆　按天津传统的行规，一个落子馆统辖若干高等妓馆，所属的妓女能唱的皆尽义务给落子馆唱曲，分文不给。后台另有一班人主持称作后台老板，领导些弹拉歌唱的男艺人。侍候场面兼报告节目的名叫"皮靴"，自称"男伴伙计"。开场先由男艺人几名拉打"十不闲"，锣鼓喧天，一面招徕顾客，一面借此通知各妓，另派专人催场。前三场由男艺人演唱，以后皆由妓女演唱，她们称为唱手。前台对于后台不给工资，全赖教妓女歌唱得代价，遇有前台点曲，及外边侑酒得资，馆主扣一部分，余者充后台开支，妓女得不到分文。落子馆所得票价全数归馆主，更有三行的月例。馆主对于妓馆妓女有保护责任，她们借钱由馆主经手向放债人转借，落子馆作保，因而获得监视权，故此没有潜势力和手眼的绝对不能干这行生意。当年侯家后有永顺、东永顺、天泉等数家，肉市口有金华，紫竹林有晴云几家。庚子后旧日租借地有同庆、中华两家落子馆崛起。繁华地带移到三不管时，始有华乐、权乐、群英、庆云几家落子馆依次出现，至今尚有些旧名犹存的。

混混儿这般人也有些庸庸碌碌，到老寻不着生财之道，困饿而死的。有的闯祸之后，不敢投案，或无法应付，便抛井离乡远走高飞到异地逃避，大多是出门到东三省谋生，一旦闯出山海关以外便没人追捕。他们到了关外十之八九是开娼窑，此外便是开赌局，或者投军当兵。这都是走投无路中的一线生机。

有些混混儿家成业就以后，仍然不甘寂寞，便做些所谓公益事件，出出风头，举例如下。

组织救火会　旧时在没有消防队以前，遇有火灾，概由有地位的混混儿们去救。他们组织起"水会"，就地向富绅大贾募集巨款设立"会所"，购置水激子、水筲，以及旗帜、灯笼、响器；公推几个有声望的人主持，选一个会头做首领，加入组织尽义务的都是劳动人民和小贩。一有火警，会所鸣锣号召，立时抛下各自工作到会齐集，一面鸣锣向各方报警，并通知邻近兄弟会协助，一面驰往急救。事后由被灾者及未波及商店住户赠予若干点心酬谢。每逢火警，各糕点店的小八件为之一空，助点心的少者20斤，多者100斤不等。救火者每人一斤，此外分文不取，只不过每年由水会备酒席宴请一两次作为酬劳。另外，救火时尚有助水会助水、挠钩会扒火道以免火势波及扩大。正式水会在全天津共有48家，总会在东门外大街，名叫"阖津会所"，最后的总会头支玉林即成名的老混混儿，此人在新中国成立前尚在，那时已经90多岁了。

举办赛会　在神道设教下的旧社会，各大庙宇盛行赛会迎神，招待所谓的善男信女前往烧香。按规定的日期出会，叫着出巡。其中以天后宫的皇会、城隍庙的鬼会为最盛。更有许多小型的会如中幡、挎鼓、重阁、鹤龄、法鼓、吹会之类参加，都由混混儿这般人做会头以及承办。

主持在理公所　在理公所原是一种反清组织，表面上是戒烟戒酒的公会，后因清廷查拿得紧，便改变形式成为类似修道的样子。当家的参禅打坐，在原有祖师"羊祖"之外供奉观音菩萨，当年主持事务的人，以混混儿这般人为多。

最后的没落

庚子年（1900年），义和团勃兴，虽然短短几个月，却把锅伙遮盖下去，不敢活跃。及至八国联军破城，地方官逃走，洋兵掌握地方政权，他们更不敢出头露面。1901年，《辛丑条约》签订，洋兵退出，政权收回，袁世凯做了直隶总督。袁年少随父亲袁甲三在津候补时，颇知天津风俗，深恨混混儿这类人。他到任不久，就下令严拿，一经捉获，即诬为海盗送往营务处枭首正法，当时不知杀死了多少。混混儿们知道这位混世魔王不易应付，为了保全脑袋，只得敛迹销声，无形解散，再不敢故态复萌。从此锅伙的组织，混混儿的名称成为过去了。

旧天津乞丐种种

刘嘉猷

旧社会，天津城厢遍布乞丐，俗称"叫花子"。所谓乞丐，顾名思义自然是以乞讨为生，但天津的乞丐由于形成各异，又分出不同类型。

天津当地乞丐

天津当地人做乞丐的甚少。因为他们是当地人，只由于机缘不巧，或是行为不正，失掉职业，以致"坐吃山空"，混得狼狈落魄，衣食不周。然而他们又不肯沿街挨门乞讨（尤其是女人，更少出头露面），于是就利用当地老亲旧友的关系，以轮换的方式，向亲友告贷求帮。人有见面之情嘛，被求的亲友最初多是怀着怜恤心情，量力帮助。如此日久天长，亲友烦了，帮助上也由原来较多的数目，慢慢降为一元几角，再降为铜圆几枚。一时情急，迫于无奈，他们也会带走亲友给的一些残饼剩馒头。天津的土话，不称这类人叫乞丐，而名之曰"伸托"，有时也叫"托而把"，究竟这个名称的真意是什么，尚待深入查考。

天津当地人沦为乞丐的是极少数。旧时的劳苦大众，男的为了养家吃饭，常去河坝"扛大个"（即去到海河两岸码头，给出入的火轮船装货物）；女人则去外国洋行仓库择羊毛、驼毛、猪鬃、核桃仁等，借此赚钱糊口。

从前，在西北城角四棵树前面，北开破烂市附近，估衣街晓市的某胡同口和东车站地道口等处，常有几个五六十岁的老太太，坐在地上，放一个小笸箩，口中念念叨叨："大爷修好吧！"向行人行乞。也有少数老年乞丐，用一大张纸，写明他的生活如何艰难，怎样可怜，哀求过往的老爷、太太行善，大发慈悲，赏几个钱救命……他本人坐在一旁，不发一言，每有人往他面前扔个零钱，他便默默地点头示谢，这名叫"告地状"。至于挨门乞讨的天津本地乞丐，则寥寥无几。

人们常提天津有"花子头"，这不是挨门乞讨的"叫花子"。这类人平日联系一群以"打小空"为生的穷苦小男孩，在几乎每天都有的出殡和娶媳妇的排场中，让这些穷男孩子，担任打"雪柳"、打"香谱"、打"喜谱"和唱喜歌转轿的"童子"等差事。每扮演一次，办红白事的主人要给每个小孩 20 枚铜圆，他便从中克扣几枚。这种"花子头"，都是和出赁出殡、办喜事用物的"赁货铺"打交道，办事的主人和"花子头"，并不直接接触。

另外，有一些本地贫户，接受施舍户的周济。一般是富裕人家或商号、善堂、公所等，在数九的冬天施舍棉衣和玉米面，名之曰"放赈"。施舍用凭条取物的办法，他们在印好的条子上面开上棉袄、棉裤几条或玉米面多少斤给贫户；领到这类救济条子的贫户，再持条子到指定的某估衣铺或米面铺去取实物。而估衣铺、米面铺为从中牟利，百般克扣，棉袄棉裤是用乱七八糟的旧里面、破棉套缝缝补补做成的，绝不给用新料，玉米面里也掺杂着麸子皮。

外地来的乞丐

外地来的乞丐，大都是天津附近各县和邻近山东各县的农民，因为旱涝不收，灾情严重，逃来天津，乞讨度日。这类行乞的多数是三四十岁的妇女，有的在冬天敞着衣襟，抱着小孩，提着破饭罐和小篮，挨门乞讨。

有一类乞丐，不讨要残羹剩饭，而专在大街上追赶坐人力车的，伸手要钱。他们往往带上 10 岁上下的小孩，经过精心"导演"，让小孩们分别追人，伸手要钱。有的也到商店区、居民区挨户讨钱，每月初一、十五两天和阴历年期间这类乞丐较多。

再有一类乞丐，男女老幼皆有，专来天津过冬，其主要的乞讨目标是"粥厂"。天津有几个慈善团体每到冬令，便在西头、南马路等地设立粥厂，每天清晨七八点钟，开门施粥。粥是小米熬的，半稠不稀，供喝粥人在当场喝足，不准携走。这些喝粥人，在喝粥之后，再去讨要一些残菜剩饭。据说这些人是为了节省冬天在家里的吃用，才每年都来天津"赶粥厂"；到了转年春暖，又一家一家地回乡种地去了。

还有一类"赶春节"的乞丐。每在阴历年期间，由正月初一日起，他们就走街串巷乞讨要钱，大都不要残羹剩饭。从除夕的傍晚，这些乞丐就开始行动了。他们手里拿着三样东西：第一种是木刻染色的"财神爷"画像。他们举着画像，去各商店、客栈门前，高声大叫"送财神爷来啦！"遇到这种情况谁都不愿意说"不要"，于是由站店门的店员扔给这类乞丐一两个零钱，把他们打发走。第二种是手拿着一串铜钱，用红绒绳穿编成一条龙的样子，沿门高声大唱"吉庆歌"，如："新年新月过新春，花红对子贴满门，西洋回回来进宝，前门进的是摇钱树，后门进的是聚宝盆，聚宝盆起金花，富贵荣华头一家！"唱念到这里，又把手里那条龙样的"钱花"撒在地面，于"哗啦"撒钱的声响中接着叫嚷"给老爷太太进财来啦!"人们都贪图吉利，听着心中一乐，也就掏掏腰包给他一两个零钱。第三种是敲打"呱哒呱"骨头板的乞丐。他在手中拿着两块各有一尺多长的兽骨头板，骨头板上各系有用红绒绳做的穗子，穿着一串小铜铃铛，敲打着极有节奏的点子，同时嘴里还念叨着合辙押韵的流口辙，如"来得巧，来得妙，老爷过年我来到!"骨头板"呱哒呱"地敲打一阵，接着又念叨"整仓的粮，整垛的钱，赏我几文过新年!"如果到了店铺，就迎合买卖人的心理念叨："大掌柜，您真好，无数的银子往您柜上跑!"也是"呱哒呱"一阵，接着又念"过新年，我就来，给您拜年您发财!"诸如此类的流口辙，顺口编唱，又有拴着小铃铛的骨头板子，随声谐韵地敲，使"老爷""太太""掌柜"们听着顺耳开心。如果遇到不听这一套阿谀奉承的，硬要把他撵走，他也有相对的词句，又奉承、又挖苦地来一番，令听者无可奈何。

至于那类"打砖叫街"的乞丐，则为数不多。他们往往腿脚不好，坐在地上，用脚踢动着一个要钱的小笸箩，一步一步向前挪动。他们敞着衣襟，用砖头或破鞋底子用力敲打自己的胸部，"啪! 啪!"有声，然后叫嚷："老爷、太太们呀! 可怜可怜我这个前生现世作了孽的人吧!"意思是说自己"前世和今生有了罪孽"，才落到这样一个下场。对这种情景，常常有人围着看，有的人扔下几个钱。记得在 20 世纪 30 年代末，天津街头有一个"打砖乞丐"。他蓬头垢面，衣衫褴褛，每天敞开胸襟，右手执一块砖，以嘶哑的声调，沿街乞讨，嘴里喊叫着"老爷、太太呀，唉!"接着用砖向自己胸脯左侧"砰"的一声击去。被击之处，皮青肉肿，哀号之声惨不忍睹。

在旧日天津街头，还有一种是缺衣少食的老道和苦行僧，以"化缘"的方式沿街行乞。其中有一个老道是一只手，在没有手的手腕上抹着不太鲜红的油类，仿佛是手剁下后多日，血迹已干在手腕之上。他用这只伤腕拴着一个筐箩，放在地上，由残肢拉着，请施主们向筐箩里放扔些零钱；那只好手，在手腕上挂一面大锣，一边走一边敲打，还念念有词地说个不休，以引起过往行人的注视。

那时天津有许多庙会，比较大一点的有东门外的天后宫（娘娘宫）、西门内的城隍庙、西头的千福寺（千佛寺）和卫南洼的蜂窝庙（俗称"峰窝"）。在庙会时期，即会见到成群的残废老幼男女，或缺臂少腿，或缺手短脚，或双目失明，或五官缺损。他们大都坐在庙门左右的街上，或喊叫，或比画，向香客和游人们行乞要钱，人数常有百八十人之多。特别是在每逢春节的天后宫庙会，每年四月的峰窝大庙会，天津附近各乡村的乞丐几乎是总动员，争先恐后地奔来。庙前、沿途两旁，排列着难计其数的乞丐，男的、女的、老的、少的，坐着的、跪着的、躺卧的，追赶或包围香客和游人，"爷爷、奶奶"叫个不停，凄厉哀求，声声惨痛，实在可怜。但因人数过多，香客、施主无法完全施与，不禁令人有"善门难开"之感。

闲话 "洪帮"

许居正

旧社会，有许多民间团体，就性质而言大致分为两类，一为行会，另一为帮会。其中帮会不仅蒙有一层神秘色彩，而且群体庞大，人数众多，成分复杂，地域广泛，对社会影响之深远非任何行会可比。

民国时期的最大帮会有二，一是洪帮，二是青帮。洪帮又称"汉流"，俗呼"玩光棍"；青帮又称"安清帮"或曰"在理"。青帮活跃在北方诸省和华东一带，洪帮则遍及湖北、四川及西南各省。

这两个帮会成立之初都在明朝灭亡不久，原本是政治主张截然相反的敌对团体。满人入关后对汉族实行严酷的民族压迫，明朝的一些遗老遗少怀着亡国恨、民族仇暗地结成秘密团体，反清复明，取名"洪帮"就是因明朝开国皇帝朱元璋年号"洪武"。而一些拥护清朝，不主张造反，反对复辟的人也结成团体，取名曰"安清"，即后来的"青帮"。

随着时光的流逝，政权的更迭，在辛亥革命推翻清王朝之后，孙中山先生实行汉满蒙回藏五族共和，汉满之间的民族矛盾渐不存在，洪帮最初的政治宗旨也被后继者忘记得干干净净。那么，它为何未自行消亡反而继续发展呢？原来在实行"忠于朱明""忠于大汉"的同时，它还辅以"义"字来联络感情、团结会众，即仗义疏财，患难相助。于是洪门后期，"义"就成了它的信条、精神支柱，洪帮人物均只知义气为重，不知其他，"一毛不拔"的守财奴是不可能加入洪帮的。

任何行会和帮会都有自己崇拜的偶像，洪帮崇拜谁呢？可以说，凡历史上以"义"著称的人物如"桃园三结义""水泊梁山"里的等都在崇敬之列，其中最为崇奉的是"义薄云天"的关圣帝君（关羽）。

笔者父子两代都曾是洪帮成员，我父亲还是龙头大爷，正因为如此，家中才有资格秘藏《海底》（专门阐述洪帮的组织章程、规矩、忌讳、条款、隐语等的手抄书）。现就亲历亲见，谈一些洪帮内幕。

组　织

洪帮是一个既严密，又松散；既广纳博收，又严格限制；既不与官府（民国政府）为敌，又处处躲着官府；既受人尊敬，又被人鄙视的奇怪的矛盾混合体。

人们往往误以为洪帮不分尊卑长幼，一律以兄弟相称，其实不然。它也有辈分，如"义字辈"的上一代则为"仁字辈"，见了仁字辈的就不能称兄道弟，而只能呼伯叫叔。不过，它不像青帮那样，进门就得拜师，拜谁的师就是谁的下辈（"师徒如父子"），正如家族中的高曾祖考一样，辈分分明，丝毫不容含糊。而洪帮大概是本着"四海之内，皆兄弟也"的古训不拜师，是谁"启发"（接纳，又称跪蒲团）的就是谁的小兄弟。于是，十几岁的小伙子见了六七十岁的老人也是喊大哥、二哥。如此说来，它是不应该有辈分的，为什么又会有呢？想必是四川的职业"袍哥"吸收了青帮的经验，想搞点小改小革吧！尽管辈分确已出现过，但没有普及，且时间很短。

洪帮兄弟，既然都是平辈，那又何以明尊卑呢？原来它的顺序是：大二三五六八九幺，四和七则是留给女性的席位。由于旧社会女性自幼受到"三从四德"的束缚，参加者如凤毛麟角，故这两个席位形同虚设，久而久之，人们就习惯于喊大二三五六八九幺，而把四七置诸脑后提都不提了。顺便说一句，二八也是很少的。因二八是僧道的专座，僧道既已看破红尘出家，有几个愿意再惹这些麻烦呢？所以二八的席位也大多是空着的。

洪门中虽设有十把交椅，而除去僧道妇女，实际上只有六把，这六把中又要除去名为平等实为下层的六、九、幺，"椅子"就只剩三把了。这在"开山设堂"中就说得明明白白。

从顺序上看，大哥自然是至高无上的，实则不然，要看是什么样的大哥。因为不管几哥，都有几种，只有取得一定头衔的，才是权力的掌握者。否则，顺序排得再高，仅徒具虚名而已。

先说大哥。它分为心谊大哥、心腹大哥、单龙头大哥、双龙头大哥几等，只有龙头大哥才是真正的首领，才有资格"开山设堂"，才有权根据帮规处罚兄弟。而心谊、心腹，只不过是掏掏腰包，破破钞票而已。所以，社会上流行过这两句话："心谊心腹，不进只出。"也有一踏进洪门就当大哥的，但这样的大哥不仅"大"不起来，甚至还要巴结五哥和老幺。因为一个码头（城镇），洪门兄弟少则数十，多者几百几千，这么多人安排在洪门六个位置上如何称呼，那就只好冠以姓氏了，如张大哥、李大哥、张老幺、李老幺等。

大哥既有区分，其他也莫不如是。如三哥中就有普通的三哥和当家（也称钱粮）三哥之别（三哥是专司财会的，故称当家），只有当上了钱粮三哥，才能掌管财务。五哥就与众不同了，因五哥称为"管事"，权限范围很大，没有谁一参加就是五哥的。哪怕是普通的五哥，也得由资历深、能力强的六九幺中爬上来，一旦当上"红旗管事"，则大权在握，威风八面。

等而下之，值得一提的是幺哥。幺哥有大幺哥与小老幺之分，虽排行最低，可最活跃，处处都闪现他们的身影。老幺又叫"通城"，从字面上便可看出，别人去不得的地方他可以去。尤其是执法大幺哥，地位更是特殊，漫说下四排的老六、老九他没放在眼里，就是上四排的大哥、三哥（当然不是龙头大哥和钱粮三哥）见了他也得热情招待，巴结巴结。

二哥则称为"圣贤"，一般不安排任何任务，因出家人加入者本来就寥若晨星，个别人进去后又常要云游四方，若安排具体任务十之八九是要"渎职"的。从这点看，当初的组织者绝不是后来的平庸之辈，是很有头脑的。

成 分

差不多什么样的人都可以参加洪帮，不务正业者固大有人在，规矩正派的也不乏其人。但有几种职业却不准参加，也就是社会上流传的"忘八戏子吹鼓手，装烟修脚下九流，想入洪门不能够，除非二次把胎投"。所谓"忘八"，就是妓院的老板；戏子是指职业演员，业余的票友不在此例；"装烟"是说香烟还未完全取代"丝烟"时的一种职业，早已消失……总之以当时的眼光看，从事过于"低贱"职业的人是不允许参加的。

洪帮中既有土匪、流氓，为何又容纳工人、农民、商家以及其他有正当职业且循规蹈矩的人呢？原来旧时人群的划分，只是官与民、富与贫、"汉流"与"空子"这几个简单的概念，要想出人头地，不被人欺，就得当官、发财或参加汉流。旧社会的官场，一个乡政府才十几个人，怎么挤得进去？生产落后，经济不发达，致富又谈何容易！剩下的就只有加入帮会这一捷径了。一些财东和商店老板参加的动机单纯得很，花点钱买一把保护伞，免遭"拉票""喊款"和敲诈勒索就行，正因为此，里面才有那么多候相大哥、候相三哥。而工人、农民、小商参加进去，多在六、九、幺的位置上，仅混混罢了。因没参加的人被喊为"空子"，"空子"是不光彩的，我想工农小商参加帮会，大抵是出于这种目的吧！

我父亲是什么时候入帮又怎样升到"龙头大爷"，我不清楚，因我那时还是孩提。不过他"关山门"（退出）的原因我是知道的，好像是20世纪30年代初，"五县（荆门、宜都、当阳、枝江、松滋）联防剿匪总指挥"陈秉政把我父亲捉去几天后又放出来，是否行贿或罚款不清楚，"结"可能是"具"了的（"具结"相当于现在的《保证书》）。我父亲是一位旧知识分子、正经商人，喜欢交朋结友，有点疏财仗义，但与匪却无缘（家中也曾数次遭匪劫），可能是"查无实据"才很快获释的。

1937年，洪帮在我家乡渐成燎原之势，我也就"子顶父职"入了帮。其实，我对那一套不感兴趣，而且又在外地学习，完全是父亲替我"代香"的。尽管我是"洪门之后"，还读了几句书，但安排的部位仍是个老幺。后来才知道，老幺虽低，却不是随便什么人都可得到的，要聪明伶俐，长相干净，傻小子是不行的。老幺还有许多好处：若逗得哥、嫂们的喜爱，在他们家中吃吃喝喝就像在自己家一样；行动、说话随便，犯点规矩也无关紧要……正如一位嫂子说的："幺兄幺弟在嫂子们的怀里也睡得。""解宝"（送入会证）时还可得点喜钱。我尝到甜头后，怨气也就烟消云散，心甘情愿地"忝陪末座"了。

开山设堂

"开山设堂"是洪帮中的大典，几年才搞一次，简而言之就是接纳新会员。虽然事情很简单，但却非常隆重，非常神秘，里面有很多名堂，我总共只见过一次，参加过一次。那是我父亲"关山门"之前，我还很小。一天，百十来号人在我家门前聚集，我父亲骑着一匹红马，由众位兄弟们簇拥着向乡间迤逦走去。几个小时后回来，我家大门口新添了一对连柄两尺多长的红漆木棒。后来才知道这棒是"刑具"，是专用于责打犯了"条"的六八九幺的。至于挂了不久就收了是为什么？我不知道。

我亲身参加"开山设堂"是在 1939 年，那时我已经不是"空子"了。一个深秋的夜晚，在街头一间大屋子里，黑压压地站满了人，正中上方设有香案，香烟缭绕，烛火辉煌，人们屏着气息，鸦雀无声，气氛十分严肃。人群都靠边站，中间空出地方，红旗管事站了出来（他既是主持人又兼司仪），不用宣布，"大会"就算开始了。

只见一老幺端一盆水走上去，口中念念有词，记得有两句是"金盆打水银盆装，三尺红绫飘中央"，先是大哥们净手。紧接着是"安人位"，这一项最精彩。五哥弓箭步站定，上身微向前倾，左手握拳，右臂伸出，左手按到右臂的一定部位上，高声唱着："大哥请登金交椅！"大哥坐定后，五哥又变换姿势喊道："二哥请登软八台！"迅即再换姿势喊："虎皮交椅当家坐！"三哥出来坐定，"红旗管事抱令登台"。这时，五哥又面朝外喊："六八九幺无位坐，巡风放哨（老九称巡风），替大哥站班护卫。"各交椅坐定后，五哥又宣布每个顺序的职责，接着公布纪律："大二三哥犯了条，自己挖坑自己跳；四姐五哥犯了条，三刀六眼自己镖；六八九幺犯了条，五十红棍定不饶！"这处分不仅重得出奇，且有趣的是地位越高，处分越重，这既不是"刑不上大夫"，又不是"法律面前人人平等"，多么奇怪的思维方法！"礼成"以后"群众"作鸟兽散，"领导层"则去"消夜"、打牌。

不几天，红信封上写有新入会人名字和排行的"宝"下来了，我们老幺就按图索骥一一送去，回来时总带有喜钱（力资），这钱纯属个人收入，任何人也不得染指。

会 客

职业袍哥外出，可以一文不带，但每到一地的客栈住下后，便要向店主打听大幺哥的姓名住址，并必须在三天内进行拜访。"行客拜坐客，英雄拜豪杰"，"三天不拜客就是刺客"。找到执法幺哥后，客人除了自我介绍外，幺哥还要"盘条"（盘问），如在什么"旗""上海"的什么部位，什么"山"？什么"堂"？什么"水"？什么"香"？等等。来客必须对答如流。这一关过了，才由幺哥引见红旗管事，第二关过后才基本上安全了。

晚上，管事才会带你去拜会大爷和有关"领导"。这场面我见过多次，记忆犹新。三五主人站在右侧，一字排开，客人站在左侧下方，管事站在中间。管事拉开架势（叫"拉矮子"，"矮"读"wai"），说道："上站一位……"第一位主人也拉开架势并说："申名表姓×"，客人立即说："大姓"；主人："草字××"，客人："金章翰墨，翰墨金章"；主人："小码头××"，客人："大码头"；主人："在咱们仁字旗上海的××"，客人："老几哥或大几哥"（大二三哥前加"老"，五哥以下加"大"，表示尊敬）。如此挨个过行下去，直到最末一位。最要注意的是：表明自己是老几时，左手一定要放准部位。因右臂共有 10 个部位，各部位挨得很密，客人又紧盯着你，稍一错位，客人会认为你手口不一，以致开口不得，贻笑大方，这个过程叫"抬接"。从此，客人的食宿以及离开时的旅费便由当地负担了。

律条、忌讳、隐语

洪帮对犯律条者处罚非常严厉，主要是叛徒、泄密、跳槽等重大事件，清亡以后就只有"乱伦"是大事了。好在大家都有妻室，又可"扳花台子"（嫖娼），重义气，畏重法，尚能自觉遵守，起码我没见过犯律条的。

洪帮内的忌讳不同于律条，犯了也无关宏旨，只是大家心中不愉快罢了。现略举几例：六人同坐一桌时，最后入席的不能坐成乌龟形，即上下各一人，左右各两人。筷子长短不齐可以，颜色必须一样，即"宁吃长短不齐，不吃红黑两只"。意思是不脚踏两只船，既在洪帮，不加入别的组织。遇有缺碗，须争着拿，并说"缺就缺我"，意为被捕或杀头，我去，如此等等。

洪帮的隐语多如牛毛，几乎事事都有。如："收粉子"——吃饭；"收意子"——喝酒；"收黄汤子"——喝茶；"拖条子"——睡觉；"搬块子"——打麻将；"耍叶子"——打纸牌；"撇条子"——小便；"扳堆子"——大便……隐语多得记不清，不说又不行，问别人吧，"宁送光棍一吊钱，不送光棍一句言"，他又不肯轻易告诉你。怎么办？只好边学习，边摸索。

1947年，我已在外省从政。一天，家里忽然写信来告我已升为六哥，令人啼笑皆非。我本来对此道不感兴趣，十几年中更无任何建树，不知哪位大爷竟将我连升三级，真是好笑！

1949年，改天换地，管它洪帮、青帮，凡不能推动社会前进的一切组织都进了历史博物馆。我为"洪门之后"，有"家学渊源"，且有十几年"帮龄",还翻过一次"海底",说起洪门来应该如数家珍的。可惜那时年轻,少不更事,加之年代久远,往事已大半遗忘了。

话说青红帮

袁 湿

他们是人类生活中最不安定者。

处置这一批人，是中国的困难的问题之一。

——毛泽东：《中国社会各阶级的分析》

从小刀会说起

自从鸦片战争以后，中国开始一步一步地沦为半殖民地半封建的社会。这场战争，充分暴露了清朝封建专制政府在外国侵略者面前的腐败无能和外强中干。战争中军费开支增加，战争后又付出巨额赔款，这些负担最后都落到了广大农民的身上。

在鸦片战争后的几年内，农民大众不堪忍受有增无已的封建剥削，纷纷挺身站了起来。全国许多地区的农民骚动以各种形式零星爆发，各种秘密结社在农民和其他劳动群众中此起彼伏。在这种革命形势之下，1851 年（清道光三十年）1 月 11 日，在广西桂平的金田村终于爆发了伟大的太平天国农民革命。

经过连续两年的艰苦战斗，英勇无畏的太平军一直从广西打到湖南、湖北，然后全军由武昌沿长江东下，于 1853 年（清咸丰三年）3 月 19 日占领了长江下游的古都南京城。引人注意的是，就在这以后不久，在福建、上海，又接连爆发了由小刀会发动的两次武装起义。

小刀会最早成立于 1849 年，创始人为陈正成，开始仅在厦门一带活动，两年后传到上海。1853 年 5 月，福建小刀会首领黄位、黄德美在澄海（今已并入龙海）率众起义，迅速攻克漳州，击毙了清朝汀、漳、龙道员文秀和总兵曹三祝，并连克长泰、同安、厦门和漳浦。黄位自称汉大明统兵大元帅，并在厦门建立了政权。不久，他们在外国侵略者干涉和清军反攻之下，于 11 月从厦门转移到海上，一直坚持斗争到 1858 年。就在福建小刀会起义以后，上海小刀会首领刘丽川也联合陈阿林、周立春等人举起义旗，于 9 月 7 日占领上海。刘丽川曾上书太平天国天王表示接受领导，但未得到承认。他们在上海同清军以及英、美、法侵略者浴血奋战 18 个月，于 1855 年 2 月 17 日突围，刘丽川不幸在虹桥牺牲，余众一部参加了太平军，另一部参加了江西天地会起义。

青红帮的早期宗旨

按照清朝政府的规定，凡满族人一概不得染指工商，只能当兵和做官，每个满族人几乎一生下来就可以领取一份俸银，成为不劳而食的寄生者。这种掺杂种族压迫的封建专制制度，不能不激起除了满族之外的各族人民的强烈反抗。从清朝建立后，民间就产生了许多秘密结社，其中成立较早和影响较大的是天地会。活跃于福建、上海等地的小刀会，就是天地会的一个支派。

天地会相传创立于 1674 年（清康熙十三年），最早秘密活动于台湾和福建沿海。它以"反清复明"为宗旨，秘密口号是"明大复心一"，反念就是"一心复大明"。由于明太祖起年号为洪武，所以天地会对内称洪门，也叫红帮。"洪"字左边偏旁为三点，天地会曾改称三点会；以后嫌三点会名称不甚吉祥，又取"洪"字右边偏旁有合的意思，改称三合会。天地会支派很多，除小刀会外，还有红钱会、哥老会等不同名称。

天地会自成立后，各地首领曾多次发动武装起义。1698年，广东天地会会众集结于惠州高溪庙，推苏洪光为主帅，改名天佑洪，起兵反清，连战连捷，声威震荡七省。后为清军所败，苏洪光被害，会务由林烈主持。林烈分遣党徒向南洋各埠和内地各省发展秘密组织，扩大力量，伺机再起。1786年（清乾隆五十一年）秋，台湾彰化官府焚烧村庄，镇压会众。农民出身的彰化天地会领袖林爽文以"安民心，保家业"相号召，率众起义，攻克彰化，建立政权，年号顺天，随后又攻克诸罗（台南佳里镇）。凤山（今高雄）天地会首领庄大田起而响应，占领凤山后，与林爽文合围台湾府城（今台南）。翌年清朝派兵镇压，12月战于大里杙（音 yì）。林爽文兵败逃入山中，后为清军俘获，就义于北京。鸦片战争后，天地会又在两湖、两广多次发动起义。太平天国革命爆发后，天地会会众备受鼓舞，除黄位、刘丽川在福建、上海举义外，各地还有陈开、李文茂、林俊、朱洪英、胡有禄、朱九涛等人所发动的起义。到了19世纪后期和20世纪初，天地会各派中有的曾参加过早期工人斗争和反洋教斗争。

据洪门人传说，洪门曾派翁某到北京坐探消息。翁为清廷所获，意志不坚，降清后另组安清帮。安清帮否认此说，他们也称反清，说"安清"之名意在掩护，以防万一事泄后免受诛戮。因洪门又称红帮，清帮与之相对，也叫青帮。

青帮传说发源于明佛教的一个支派——罗教。到 1726 年（清雍正四年），由翁雍、钱坚、潘清组织南北运河的漕运。漕运本义为水路运输；后则专指中国历代政府将所征粮食解送京师或其他地点的运输，主要是水运，间或也有部分陆运。明、清两代，东南的漕粮都由贯通南北的大运河运往通州和北京。历代漕粮，每年计有数百万石。由于运输困难，船只消耗和官吏侵吞，耗费巨大，有时甚至以十数石的代价运一石粮食。承运漕粮，不论是对官军还是人民，都是一项重役，有的往往破产，甚至断送性命。长期以来，清朝政府责成青帮护运漕粮，使之在漕运中一直保持着封建行帮的地位。青帮将杭州至通州的运河分为 128 段半，每段均有专名，如江淮四、兴武六等；各设码头官一人，职级由四品都司直到五品守备和六品千总。师徒世代相袭。以后南粮折价，运粮船只剩六大亲帮。清道光年间，运河淤塞，河运逐渐减少。到 1872 年（清同治十一年），漕粮全用海轮运输，河运完全停止。青帮的经济基础发生变化，徒众被迫散向各地，流为游民组织。

在鸦片战争以后，由于帝国主义列强加紧进行侵略和掠夺，迫使中国的自然经济迅速解体，其结果必然造成破产农民、失业手工业者和流氓无产者的人数越来越多。这些人正是青红帮组织的主要成分。因此，在清朝晚期，各地的青红帮组织发展很快，他们的活动范围也从台湾、福建沿海扩大到长江流域和南方各省，从运河两岸扩大到天津、上海和华东各通商口岸。

辛亥革命前夜的青红帮

伟大的革命先行者孙中山在早年从事革命活动时，就发现了青红帮这支力量。在很长时间内，他一直试图改造并利用帮会力量以达到革命的目的。

1894 年，孙中山曾上书李鸿章，提出革新政治的主张。甲午海战时，他重赴美国檀香山，组织兴中会。从此，他就从资产阶级改良主义的立场，转变到主张革命。檀香山兴中会是个小组织，参加者只有当地工商界华侨 20 多人，其中有个檀香山发迹的农业资本家邓荫南，曾是三合会（天地会别名）的成员。翌年 2 月，孙中山回到香港，又在香港成立兴中会。入会者必须一律宣誓，誓词是："驱除鞑虏，恢复中国，创立合众政府，倘有二心，神明鉴察。"把三合会反清复明的老口号，改造成了资产阶级的语言。

孙中山的许多朋友，本来就与洪门有联系。参加香港兴中会的辅仁文社（成立于 1890 年）主要人物杨衢云等人，这类关系则更多。香港兴中会一成立，孙中山就策划依靠三合会在广州发动起义。杨衢云准备从香港召集三合会 3000 人到广州，还联络了广州附近各地的三合会组织。起义预定在九月初九发动。但是，由于事前被广东官方发觉，准备起义的三合会头目丘四、朱贵全等人均被捕获，惨遭杀害。到义和团运动兴起后，孙中山又派人到惠州三洲田依靠三合会举行起义，结果也未能成功。1903 年春天，广州发生了以王和顺、陆亚发等人为首的三合会起义，迅速控制了桂西十余个州县，而且有波及湖南之势。但是，两年后清朝政府派广西、湖南和湖北三省的兵力，终于把这次起义镇压下去。

以孙中山为代表的资产阶级革命派，对天地会、哥老会等所有以反清复明为宗旨的秘密组织，过去都通称为"会"；自兴中会与这些组织的首领联络以后，就一律改称它们为"会党"了。

从 1895 年到 1905 年这 11 年中，参加兴中会活动的人员有两个特点：一是绝大部分（占百分之七八十）侨居国外和香港；二是在广州等内地的人多数是会党分子。

特别值得一提的是，1904 年 1 月，孙中山到檀香山，为了与保皇党争夺群众，使更多的侨胞支持革命，毅然加入美洲洪门致公堂。但他认为致公堂组织涣散，章程陈旧，不能对祖国革命有所帮助。因此于同年5 月在旧金山向致公堂总堂提出举行全美洪门会员总注册的建议，并为致公堂重订新章程 80 条。后来美洲华侨热烈赞助祖国革命，与致公堂所起的积极作用是分不开的。

然而，兴中会这一时期所号召的会党群众，主要是城市贫民，其中不少是无业游民。由于带有花钱雇佣的性质，因此很快就能集合相当大的力量，但是只要一经挫折，往往顷刻涣散、瓦解。

在兴中会稍后成立的华兴会和光复会，都是具有资产阶级革命政党性质的团体。它们处理与会党的关系，做法大都与兴中会相同。

华兴会于 1904 年 2 月成立于长沙，由湖南留日学生黄兴、刘揆一、杨毓麟、陈天华等人发起，到会的有湖南省和外省会众共百余人。会议提出"驱逐鞑虏，恢复中华"的政纲；选举黄兴为会长，宋教仁、刘揆一为副会长；设华兴公司和东文讲习所为活动机关。

光复会于同年冬成立于上海，参加者为江苏、浙江和安徽三省学界人士。他们以反对满族贵族的封建专制、建立共和国为宗旨。主持中国教育会的蔡元培被推为会长，但成立后一直起主要作用的中心人物是陶成章。

1904 年春，华兴会黄兴、刘揆一与湖南哥老会大头目马福益共建同仇会，作为联络会党的机关。黄、刘与马在湘潭第一次会晤时，商定了同年 11 月在长沙起义的各项事宜，由黄兴任起义的主帅，刘揆一和马福益分任正、副总指挥。8 月，当他们在浏阳河边的普迹市再次会晤时，被一个混入的内奸密告了清朝官方。湖南巡抚陆元鼎立即下令搜捕。黄兴、宋教仁、刘揆一等逃出长沙；马福益遭到官方通缉，逃亡广西，翌年初潜回湖南，不久在湘乡被官方捕获，不屈被杀。光复会也进行了联络会党的工作，主要由陶成章负责。他和光复会发起人龚宝铨等人遍历浙西、浙东不少地方，和许多会党组织联系。这些事实说明，以资产阶级革命家出现的青年知识分子当时已懂得，要革命、造反，不能没有群众，但是他们并不真正了解群众，三合会、哥老会这类现成的组织，就成为他们所看中的力量。

1905 年 7 月 30 日，孙中山在日本东京同华兴会成员黄兴等人召开了筹备组党的会议，商定把兴中会、华兴会、光复会等带地方性的小团体联合起来，成立一个全国性的组织——中国同盟会，以"驱除鞑虏，恢复中华，创立民国，平均地权"十六字为宗旨。8 月 20 日举行正式成立大会，参加者除甘肃省空缺外，共有各省籍贯的留日学生数百人。大会举选孙中山为"总理"，并由孙中山口授所谓"秘密口号"，例如，"问何处人，答为汉人；问何物，答为中国物；问何事，答为天下事"等。这种沿袭江湖秘密结社的办法，说明同盟会在一些形式上仍未脱出旧式会党的窠臼；但是，新成立的同盟会毕竟完全不同于旧式秘密会党，从组织形式上，从人员成分和斗争纲领上，都说明它已成为一个资产阶级的革命政党。

同盟会成立的最初三年，曾先后发动了多次武装起义。

1906 年暑期，留学日本的同盟会会员刘道一（华兴会发起人刘揆一之弟）、蔡绍南回到湖南，经过长沙德明学堂学生魏宗铨的联络，把醴陵、浏阳、萍乡一带的哥老会头目 100 多人组织起来，用旧式洪门开山堂的方式，成立了洪江会，推哥老会首领龚春台为"大哥"。数月内，洪江会势力发展到萍乡以东的宜春、万载、分宜。安源煤矿有半数以上的工人加入洪江会。

10 月 19 日，醴陵洪江会首领李香阁仓促发动起义，洪江会总机关全无准备，十分慌乱。龚春台、蔡绍南、魏宗铨等首领意见不一，但从醴陵发动的起义已造成骑虎之势，总机关不得不向全体会众发出起义号召。两天后，起义群众攻占上栗市，成立了军事领导机构，并以都督名义发布檄文，历数了清朝统治的十大罪恶。这篇檄文，用的完全是孙中山的语言，使这次基本上依靠旧式会党的起义，展现出新的面貌。

起义在湘赣边界的几个县波及很快，很短时间，参加起义的群众达三万人。起义部队虽然只占了这几个县的农村和若干集镇，但其声势却震动了两省省会。清朝政府深恐安源煤矿发生动乱，湘赣两省巡抚立即出兵攻击萍乡、浏阳各地的起义部队。未几，湖广总督张之洞和两江总督端方，也分别从湖北、江苏派兵会剿，甚至直隶总督袁世凯，也派出四营步兵和一营骑兵远来助战。12 月上旬，起义被镇压下去，参加起义的哥老会头目，大都死于敌人的屠刀之下！

这次历时两月的起义，是在同盟会成立以后，由同盟会会员领导的第一次起义。起义中，一些资产阶级和小资产阶级革命家虽然表现得异常英勇，而且努力从下层群众中寻找可靠的革命力量；但是，他们没有艰苦地去做发动和组织群众的工作，因而仍然只能依靠现成的旧式会党组织。

从醴陵首先发动，进而波及湘赣边界的这次起义，在以后同盟会所领导的多次起义中，是有代表性的。1907 年到 1908 年，在孙中山的策划和直接领导之下，同盟会在广东、广西和云南进行了六次武装起义。这些起义，主要都是依靠会党力量。同一时间，光复会秋瑾、徐锡麟在绍兴、安庆等地所策划的起义，主要也是依靠会党力量。所有这些起义，最后都失败了。一系列严酷的事实使当时的革命派渐渐感到，以旧式会党作为革命的主力是靠不住的。

到底什么才是革命的可靠力量呢？

清朝政府在中日甲午战争中失败以后，袁世凯以胡燏棻在小站训练的定武军为基础，扩编为新建陆军；张之洞在署两江总督任内编练自强军，这就是清朝政府编练新军的开始。新军安徽马炮营队官（连长）熊成基接受革命思想，矢志推翻清朝统治。徐锡麟在安庆牺牲后，熊成基不胜悲愤。1908 年 11 月，他乘光绪帝和慈禧太后相继死去而人心惶惶的时机，率马炮营新军 1000 多人起义，进攻安庆。由于缺乏经验，熊成基掌握不了局势，起义很快失败。清朝官方拿获杀害起义军士、学生不下 300 人，两年后，熊也在哈尔滨被捕遇害。熊成基是第一个依靠新军士兵发动起义的人。这次失败的起义，反映了资产阶级革命派从旧式会党转向从新军中寻找革命力量所做的尝试。

青红帮的联结纽带和组织形式

青红帮等旧式会党，为什么不能成为革命的依靠力量？根本原因存在于这些旧式会党的内部。在封建社会，青红帮及其不同名目的支派，都是一些封建性的秘密团体，带有明显的原始性和落后性。无论从它们内部的联结纽带上，抑或从它们内部的组织形式上，都可以看到这种原始性和落后性的种种表现。

青红帮内部的联结纽带是宗教迷信和封建道德。

首先，对于自己团体的起源，他们总要炮制一些荒诞离奇的神话和传说。红帮、洪门也叫天地会，就是"拜天为父，拜地为母"的意思。它从建立以后，就是旨在反清复明的组织。他们借助于神灵，目的十分明确，就是竭力和明朝拉上关系，例如其中开辟九龙山活动的一支，编造明太祖朱元璋葬父于安徽凤阳九龙山，风水家"测"出这是九龙抢珠之地，所以朱元璋后来才当了皇帝。"洪门兄弟"以九龙山名义"开山"，当然也就大吉大利、无往不胜了。青帮有关起源罗教的传说，也杜撰翁、钱、潘三人不辞千里艰辛，前往蛮荆之地拜罗祖为师，直到红雪齐腰、芦苇穿膝，才与罗祖结下师徒善缘。数月后，罗祖念翁等忠厚虔诚，乃令他们下山为清廷护运漕粮。青帮有大香堂和小香堂之分。大香堂供奉僧、道、俗混杂的所谓"十三祖"，如达摩、神光、僧粲、慧能、罗祖等，小香堂只供奉翁、钱、潘三人。

其次，他们联结徒众的口号不外"忠""义"二字。红帮结义效法古人烧三把半香：头把香，效法羊角哀、左伯桃结成生死交；二把香，效法桃园三结义，不求同年同月同日生，但愿同年同月同日死；三把香，效法梁山一百零八将，劫富豪，济贫寒，替天行道；半把香，义气不到终，异姓兄弟不投唐，秦琼泣血哭留单雄信。青帮的根本规约是"义气千秋"。什么是义气？就是师徒如父子，同参如手足。如果从青帮的十大帮规看，完全是一堆封建道德的杂烩。

再次，他们实行一套烦琐的、充满迷信色彩的入帮仪式。红帮仿效梁山，以"山"命名，如太行山、终南山、九龙山、武当山等。山下设"堂"，如忠义堂、洪顺堂、礼德堂、仁文堂等。举行收徒仪式叫"开山堂"，一般要由"山主"宣讲帮规，跪拜行礼，分饮血酒，并将线香斩断分发给新入帮的徒众（叫作信香）。青帮收徒仪式叫"摆香堂"，各种仪礼与红帮大同小异；不同之处是，香堂内往往悬挂运河全图和与水运、船舶有关的物件。参加青红帮的人，除需承担开山堂或摆香堂耗费外，红帮还要交纳一定数量的钱粮，一般以三（表示桃园三结义）、三十六（表示瓦岗寨三十六友）、一百零八（表示水泊梁山一百零八将）为标准数，既不能多，也不能少；青帮则要给师父送一份赘见的厚礼。

最后，他们在内部还流行一套互相联络的特定动作和黑话。红帮见面，通过行礼就能知道彼此在帮内所处的地位，如右手搭在左腕上，表示老幺；在帮地位越高，右手向左腕上部搭得越高；直到右手搭在左肩之上，那就表示他是帮内的"龙头大爷"了。红帮见面要问："恩兄占的哪座山，过的什么关？"回答："在下占的是贺兰山，过的是嘉峪关。"青帮到外地赶码头，敲门要先三后四。门内问是什么人，门外即答："今日香堂我来赶，安清不分近和远。……"在公众场合，摘帽后要帽口朝上置于桌上。受人或授人物件时，必须左手伸出三指，右手伸出四指（表示三老四少）。在帮人如不熟悉这些江湖动作和黑话，就会被认为是冒充在帮的"空子"。

青红帮内部的组织形式是以宗法观念为核心的封建家长制。

红帮的组织仿梁山三十六天罡而建。他们自称讲求平等，不分辈分。帮内兄弟相称，大哥不大，幺满不小。帮内建制分为内八堂和外八堂。内八堂是"京官"，都称大哥。计有：山主、副山主，称龙头大哥；香长、盟证为"客卿"，不入正系；座堂为"宰相"；陪堂为"副宰相"；管堂管人事；执堂管总务；礼堂管礼教；刑堂管刑法；还有心腹、护剑、护印，都算一排心腹大爷，在内八堂是老幺，在外八堂则是大哥，带"尚书"衔。外八堂名义上分为十排，其中四、七两排为妇女散将，不入堂，故称八堂。一排心腹，为"外江总督"；二排圣贤，为"军师"，通常不封普通兄弟，而以和尚充任；三排桓侯，也称"当家"，管粮饷；四排金凤，也称金姐、四姐，为帮内兄弟之配偶；五排红旗、蓝旗、黑旗、执法，也称"辕门纲纪"或"管事"，此即"中军"，管号令和执法；六排巡风、花冠、青岗，是山内守备或巡查将校；七排银凤，也称银妹或七妹，为未婚女子散将；八排白衣、镇山、守山、巡检，为守将，通常以道士充任；九排江口、检口、斗口、守口，负责守备或巡逻；十排大满、幺满、铜章、铁印，为"九门提督"，管卫戍或侍卫。共计36个半职司（幺满算半个）。

青帮的组织形式以帮命名,例如北方常见的有嘉白帮、江淮四帮、嘉海卫帮等。据说过去他们也以兄弟相称,后来才改成师徒相传。帮内的辈分,原定二十字,即:清静道德,文成佛法,仁论智慧,本来自信,元明兴礼。到了清末,这二十个字已用完,又添了"大通悟学"四字,也就是二十一辈至二十四辈。民国以后,帮中人又续了二十四字,即,万象依皈,戒律传实,化渡心回,普门开放,广照乾坤,带发修行。分别称之为前二十四辈和后二十四辈。

青红帮成员虽然大多是食不果腹、衣不蔽体的下层群众,然而他们生活在封建社会,很难摆脱封建主义思想、制度的熏染和影响。从组织形式上看,不论是红帮的"兄弟相称",还是青帮的"师徒相传",都打上了宗法制度的深深烙印。红帮的龙头大哥,青帮的前辈师父,实际上都是帮内的最高家长,掌握着处决帮内事务的一切大权,并以封建的礼教和习俗,羁縻和束缚帮内的大多数下层徒众。

总之,在中国封建社会,青红帮是以宗教迷信为纽带,在家长制的组织形式下形成的秘密团体。他们中有的还拥有武装。长期以来,他们曾用这类组织去谋求在社会生活中互相援助,在一定时期,曾用以发动斗争,去反抗压迫他们的官僚和地主。但是,这类原始形态的组织由于自身存在的原始性和落后性,决定了他们不可能成为革命的依靠力量,广大农民和手工业者也不可能从中找到出路。

青红帮失去了存在的价值

辛亥革命推翻了清朝政府和中国 2000 多年的封建君主专制,民主共和国的观念从此深入人心。但是,这场革命没有也不可能完成中国人民反帝反封建的民主革命的伟大任务。

青红帮等旧式会党,在辛亥革命的酝酿、准备和发动等各个阶段中，都曾起过一定的作用，然而随着清朝政府的解体，这些组织的落后性也迅速恶性发展。他们往往很容易被官僚地主和内外反动势力所操纵、利用，成为瓦解劳动人民团结，破坏革命的工具。

红帮的宗旨是反清复明。清朝政府被推翻以后，他们自认达到目的，从此丧失了斗争的目标，其中有的逐渐蜕化为打家劫舍、杀人越货的武装土匪集团。青帮早在清末漕粮折价和改为海运后，其徒众相继流窜各地，转向其他行业，有的日益演变成结交官府、坐地分赃的恶霸流氓组织。

辛亥革命时，青帮在上海成立中华共进会，随之红帮也与之合流。1913 年 3 月 20 日，北洋军阀头子袁世凯利用这一组织，制造震惊中外的政治大血案，刺杀了民主革命家宋教仁。到大革命前后，中华共进会完全变成青红帮帮会头子把持的反动社团。1927 年 4 月，正当北伐战争胜利进军中，以蒋介石为首的国民党反动集团，又利用这一反动组织参与"四一二"反革命政变，凶残地扑灭了大革命中工农群众运动的熊熊烈火。

中华共进会的主要头目黄金荣、杜月笙和张啸林，都是上海青帮大流氓。黄金荣早年曾在上海法租界巡捕房充当督察长；杜月笙以贩运鸦片起家，以后依仗帝国主义势力在上海广收门徒；张啸林原为杭州地痞，以后到上海与黄、杜两人紧密勾结，成为上海法租界的青帮头子之一。他们长期在上海横行霸道，欺压人民。在"四一二"反革命政变中，他们利用中华共进会这一反动集团发表文电，恶毒攻击中国共产党，纠集青帮流氓冒充工人，疯狂袭击工人纠察队，成为蒋介石的可耻帮凶。

抗日战争时期，不少青红帮头目又投入日本侵略者的怀抱，充当汉奸和敌特。上海青帮头子张啸林由于参加汉奸活动，1940 年被人暗杀于上海。天津青帮头子袁文会，利用帮会组织作为本钱，不遗余力地替日本帝国主义效力，由于民愤极大，新中国成立以后被人民政府镇压。

青红帮的成分极其复杂，而大多数则是失去土地的农民和失去工作机会的手工业工人。他们是人类生活中的最不安定者。他们很能勇敢斗争，但又有很大的破坏性。当近代工人无产阶级的力量盛大兴起以后，农民在工人阶级领导之下逐步建立了完全新式的组织，青红帮这类原始的、落后的封建性团体，就失掉了他们存在的价值。

不断进步的中国致公党

太平天国失败以后，由于革命分子逃亡海外，洪门组织开始在华侨中发展起来。洪门致公堂是华侨洪门中最大的一个组织，其成员主要是侨居在美洲和东南亚的华侨。辛亥革命期间，孙中山曾对美洲洪门致公堂进行过改革。1925 年 10 月，侨居在美洲和香港、澳门的洪门代表，在美国旧金山举行洪门恳亲大会，决议以洪门致公堂为基础，组织华侨政党——中国致公党。1931 年，中国致公党在香港召开第二届代表大会，坚决反对蒋介石的独裁统治，并试图从组织上加以改进。

抗日战争开始时，中国致公党号召党员抗日，并通过致公堂组织，发动华侨募捐，支持祖国的抗战。抗日战争胜利后，中国致公党内的一部分进步人士在香港召开第三届代表大会，决议参加以中国共产党为领导的人民民主统一战线，为完成中国新民主主义革命，达到中国人民的解放而共同奋斗，致公党在新民主主义革命道路上大大向前迈进了一步。

1948 年 5 月，中国致公党响应中国共产党的号召，与各民主党派联名通电表示拥护召开新政治协商会议；并于 1949 年选派陈其尤、陈演生、官文森、黄鼎臣、雷荣珂、严希纯等六人为代表，出席了中国人民政治协商会议，同各民主党派一起，参加了中国人民政治协商会议共同纲领的制定。1950 年，中国致公党在广州召开第四届代表大会，决定以"共同纲领"作为致公党的政治纲领。

新中国建立前及建立之初，中国致公党的基层组织在国外，成员主要是美洲和东南亚的爱国华侨。1952 年以后，根据我国的对外总政策，停止在国外进行组织活动和发展组织，从此，中国致公党发展组织的对象，主要是归侨、侨眷中有代表性的中上层人士和对华侨工作有经验的积极分子。其工作重点是推动本党成员的学习和改造，鼓励他们积极为祖国的社会主义革命和社会主义建设贡献力量。致公党从根本上早已不同于旧式会党，而成为为社会主义现代化建设和实现祖国统一大业服务的新型政党。

1976 年以后，致公党恢复了组织活动。1983 年 11 月，在北京召开了第八次全国代表大会，坚决接受中国共产党的领导，积极参加国家大事的协商、讨论，协助落实和宣传侨务政策，调动其成员发扬爱国热情，联系和接待回国探亲、观光、旅游的国外侨胞，协助引进外资和促进对外贸易，做了大量有益的工作。

西康雅属的袍哥

杨国治 口述　李化安 整理

新中国成立前，西康雅属（今四川雅安地区）是一个以枪弹、大烟为中心的袍、匪、兵的世界。袍哥、土匪、滥兵经年在为贩卖枪械、运售鸦片而奔忙，扰民害民，作恶多端。要想了解那时的雅属，离开袍匪兵就会没有话说。我十几岁就嗨起①袍哥，写一写当时雅属袍哥的情况也是我的一点责任。

袍哥的组织及袍规

据说袍哥分为仁、义、礼、智、信、威、德、福、志、宣十堂，但就我所知，西康雅属的袍哥只有仁、义、礼三堂。

仁字是袍哥的第一等资格，义字袍哥对仁字袍哥要称大伯爷，礼字称仁字为老老辈，称义字为大伯爷。

---

① 意为加入或做。

每一堂口里的兄弟伙分为十排。一排为大哥，一般称为大爷，或称为舵把子。大爷当中又分当家的执法大爷和不管事的闲大爷。一个公口的执法大爷在民国初年只有一二人，后来人事复杂，席位增多。

二排又称为圣贤二爷，一般公口这个位置都空着，没有人愿嗨这一排，说嗨了二爷要倒霉，因为关云长是老二，神威太大。

三排为当家三爷，每一堂口有很多三爷，但只有一个执法的（负实际责任的）。全社的一切对内对外事务三爷都要过问，是袍哥的第二把交椅。

四排、七排没有人嗨。相传郑成功曾将他组织帮会明远堂时的法令规章写来用铁匣子沉在海底，后来"海底"被发现时才知道当时的钱四、胡七曾经出卖过袍哥的秘密，成为叛徒，所以就没有再设四、七两排。

五排是管事，嗨的人多，但正的管事称为"红旗大管事"，简称"正五"，其他称为"闲五"。五排主要是统率本社的兄弟伙，是真正的"带兵官"，一切人情来往、支宾待客都是五排的事，新袍哥入社也一定要透过五排。

六、八、九、十排称为小老幺，但也有分别。初"进步"的都是幺满十排；过一定时间，出了一定的力，与拜兄跑得有路的，就得到提升，由九而八，而六。有些地方把六排称为巡风六爷，但雅属袍哥没有这个称呼。一般六排可以提升闲五，至于正五那要舵把子信得过的人才行。

老的一代袍哥要讲"身家清，己事明"。所谓"身家清"，是要三代人无丑事，男的不偷不抢，女的不娼不淫。所谓"己事明"，除了不偷不抢，还不能十当时认为卜贱的职业；有些地方很严格，三代祖宗干过下贱职业的都不能讲袍哥。所谓下贱职业，包括推车、抬轿、当吹鼓手、剃头匠、擦背、修脚、衙门差人、倡、优、戏、卒，等等；西康袍哥表面上没有这些人，但事实上这些人也在讲袍哥，不过不摆在面上来讲而已。

老一代的袍哥是不能出钱捐的，身家不清，己事不明，就不能嗨"光棍"。但是后来这个规定尺度放宽了，有些人有了钱有了势，他想嗨袍哥时，还会受到袍哥的欢迎，成为一步登天，扯旗放炮的大爷。

所有老袍哥，从大爷到十排，都有资格介绍新的兄弟伙来参加袍哥，但是一定要经过红旗管事向执法大爷请示，并在一定的场合如单刀会之类的日子公开。

参加袍哥必须有恩、保、引三驾拜兄：恩兄一定要是当家大爷，保举、引进一般闲大爷都可以。参加袍哥时必须向本堂每个大爷面前送一份礼，包括姜片子（一块肉）、灰包子（一封点心）。有钱人入袍哥还要帮码头，帮多少钱没有定规，凭自己的能力和大方。

老一代的袍哥有很多戒条，也有一套惩罚办法，一般都在单刀会之类的场合执行。

袍哥犯了戒条，起码就是"矮起说"，就是由管事点名后叫"各找地位"，犯者立即跪下认罪，所犯罪情由管事"报盘"后请示拜兄处分。处分要看罪情轻重：有"红棍"处罚，用一根染红的棍子打屁股，这是轻的；重的是"黑棍"处罚，用一条染黑的棍子打屁股。挨了黑棍的都要挂黑牌开除，就是在社内用一块黑牌将被开除人的名字公布。挂了黑牌还要"走字样"，那就是用本公口的大红帖子和被开除者的恩保引三只名片，由管事向其他各公口公开。经过挂黑牌的袍哥是永辈子不能再嗨袍哥的，既不能再在本公口开复，其他任何社团也不能再收他。

最重的处分是"要脚给脚，要手给手"或者"三刀六个眼"自己去闯。所谓三刀六个眼，就是把三把尖刀埋在地里，刀尖向上，犯了戒条的人赤身扑上去，在身上进出戳穿六个眼。这种处罚在雅属袍哥中很少执行，因为后来的袍哥已经发展到可以随便用枪杀人，就用不着采取这种方法了。

拜兄决定的事，兄弟伙是不能有异议的。袍哥不能说拜兄的坏话，否则称为"出言语"，"不认黄"。拜兄对于出了他的言语，不认黄的袍哥，可以随便叫个兄弟伙去把他"做了（杀了）"，后来也发展到采取直接枪杀的行动。

西康袍哥在清末就已经很盛行，但是至民国初年，雅安仅有三个仁字旗的公口，一个是宾雅堂，大爷郭金山、古华庆；一个是万同公，大爷陶树成；一个是集贤社，大爷夏鼎三。天全方面有仁字旗的信义公，大爷是清末的两个把总，一个叫游惠廷，一个叫张南轩。另外在灵关还有个大爷杨瑞林。荥经有仁字旗的荥宾合，大爷也是一个把总叫陈朗珊。其他还有泸定大爷谭吉之、芦山大爷郑润生，汉源、名山也都有袍哥组织。

1919 年前后，雅安开始成立义字旗的会义同，大爷李辉庭；礼字旗的澄清社，大爷李贵华；约在 1927 年富顺的景文甫来雅安成立了仁字旗的客籍社。

1934 年，二十四军退西康，刘文辉叫他的五哥、大地主刘文彩来西康组织袍哥，还指派军部副官长陈耀伦，旅长袁国瑞、杨升武，财政厅长文和笙等四人帮助筹备。诸事齐备后，刘文彩特派人到宜宾邀请仁字旗叙荣乐大舵把子宛玉庭、义字旗大爷李绍修来雅安，主持成立叙荣乐雅安总社，以刘文彩等五个筹备人为总舵把子。但是叙荣乐只是在雅安成立了总社，没有能够向各县发展，因为陈耀伦是荥经人，在当连营长时曾驻防雅属各县，与各县袍哥很熟，他想要成立袍哥自己干，所以叙荣乐到各县就不受欢迎，无法发展。到了 1935 年红军长征时，刘文彩同文和笙等都离开了雅安，叙荣乐也就搁下了。

1939 年，雅属各县开始普种鸦片。种烟、运烟都需要武力，于是大批枪弹流入各县，地方武装大大发展，而这些武装又都掌握在袍哥手中。二十四军为了掌握这些地方武力，各师旅长都讲起袍哥来，袍哥组织就像雨后春笋一样应运而生。1941 年起，单是在雅安先后就成立了九个公口：进同社、忠义社、荣宾合、成仁大同社、会仁社、国光社、群贤社、辛巳俱乐部、会礼同。陈耀伦当上荣宾合的总社长，其他各个公口也或由军人把持，或以军队做靠山。但是，袍哥的发展不只靠军队，也扩充到反动的党政团各界，甚至中小学教师、医生等。国民党雅安县书记长邓守勋、天全县三青团干事长刘茂松都是荣宾合的人。天全县书记长熊大武是荣宾合的大爷，宝兴县长权光烈、芦山县长杨方叔、丹巴县长段崇实、泸定县长陈叔才等都是袍哥。王达生当了天全县长，感到不是袍哥吃不开，赶忙跑回雅安向陈耀伦叩头，请求栽培；陈提他做个三排，他就感到"恩同再造"。唐湘帆当荣经县长，带的卫队都是袍哥便衣队，别人称他县长他还不高兴，总希望人家称他唐大爷。

当时雅安各个袍哥组织之间的明争暗斗是很厉害的。各公口都想向各县发展组织，但各县都被陈耀伦"垄断"；各小公口虽然彼此水火，互挖墙脚，但为了打击陈耀伦，也曾彼此联合起来，在雅安城区张贴标语，要"打倒陈耀伦，解散荣宾合"。在荣经事变时，刘元琮把被群众击毙的官兵尸首抬到陈耀伦家，随后又借事把荣宾合副总社长杨国治扣押在荣经，关了半年多。这些混乱情况，本来是应当很伤脑筋的，但是刘文辉对此却一点也不感到头痛，反而很欣赏。他只是不时把一些舵把子如陈耀伦、权光烈等叫去训训话，说袍哥的活动只能以二十四军的团体利益为重，不准分裂，不准乱整。他所说的团体利益，就是以他本人为中心的利益，这就是他一定要组织袍哥的真实目的。

袍哥的混合组织——荥宾合

"荥宾合"是清朝末年荥经把总陈朗珊开始组成的，陈死后由他的儿子陈叔才继续掌舵。他的另一个儿子陈耀伦，由于"家学渊源"，很早就嗨了袍哥。约1919年，陈耀伦当连长驻防雅安、天全一带。那时的军队里一般都有袍哥，部队常常是一个连、一个排单独驻防各地，只要是袍哥，开到一个地方，首先就向当地码头"拿言语"，码头上就会给部队送酒送肉。万一不通袍，凡大小事，都要遭到地方打击。陈耀伦凭他父亲的招牌和他自己的打手，当时就在各县袍哥中很有威望。后来陈耀伦当了二十四军的副官长，随军由成都退到雅安，就想利用袍哥关系把各县地方势力组织起来，但又怕引起刘文辉的怀疑，就一直没有动手。

1941年，雅安袍哥组织像霍乱一样地流行开来，陈耀伦认为时机已到，于是与我商量，由我赴天全组织荥宾合。1942年天全荥宾合正式成立，我回到雅安，陈耀伦又想在雅安成立荥宾合。

其时雅安东岳坪乡长高炳鑫组织有一个团体"大雅青年互助社"，全社六七十人都是青年，采用的虽是袍哥章法，但不是袍哥组织。他们听到陈耀伦要在雅安成立荥宾合，就来找我接洽，愿意全体参加荥宾合，条件是高炳鑫要当大爷。当时高炳鑫还是客籍社的五排，经荥宾合与客籍社联系，由客籍社提升为三排，然后再由荥宾合提拔他出山，嗨荥宾合的副总社长。这样，"大雅青年互助社"就成了雅安荥宾合的基本队伍。

"荥宾合"袍哥组织的成员包罗万象，大多数为军政人员：上至将官，下至士兵，九流三教，都可加入；原仁、义、礼各旗的袍哥都可个别参加，也可全社集体参加，参加后一律平等，算是仁字旗。

荥宾合总社设于雅安，并在各县设荥宾合支、分社，由总社社长陈耀伦兼各县社长，各县实际负责人都是副社长名义；县下区、乡、镇也设支、分社。

天全荥宾合社，全县共约社员 5000 人，我本来是副总社长，因是天全人，故兼了天全县副社长名义，但实际负责的为副社长高鉴民（原来的袍哥大爷）。荥宾合社成立后，天全原有各袍哥组织一律加入荥宾合，全县别无公口。

各县荥宾合社员最多的是天全、芦山、荥经，每县都有几千人，最少的是康定，也有几百人。

袍哥带给地方的灾难

袍哥给地方的灾难，可谓罄竹难书。在国民党反动统治的年代里，每个地主恶霸差不多都是一身而兼袍哥、土匪、国民党员的。当时有句流行话："何必修仙论道，只要是袍、土、国。"很多地方的知名人士往往都是由袍哥而土匪，由土匪而国民党员，而官而绅的。要把这些事说个大概也不容易，我是天全人，我想着重就天全袍哥的罪恶说一说。

民国建立之初，天全袍哥就已很盛行，社会各阶层的人根据职业地位分别参加仁、义、礼几堂。那时的袍哥因为还要讲个"身家清，己事明"，所以一般说来都还正派。

1921 年，杨森派四川兵工厂总办马德洪为川南总司令，带了金良佐一个步兵团到天全，同时还委了谢克熙为天全县长。谢克熙是一个 20 多岁的年轻人，不懂得什么政治手腕，为了向地方筹集军费，办了酒席请地方士绅吃饭。在席上他首先就要团练局长杨敏三出钱，杨是天全的大地主，又是袍哥的舵把子，一向是武断乡曲，目无官府的。县长当着地方士绅要他出钱，他感到面子难过，就不答应。谢克熙说："你是地方首户，你都不带头出，谁愿出?"两人你一句，我一句，说起气来。杨在桌上拍一巴掌说："老子就不出。"随即愤然离席而去，并马上调集各乡袍哥来围城。团长金良佐知道事情是由于筹集军饷引起的，就一面指挥部队守城，一面提了几桶汽油，扬言要将全城街房烧毁。那时天全仁字旗袍哥信义公的舵把子是杨鹤山，由于天全只有这一道仁字旗的公口，杨鹤山又是个正直热心的人，平时与杨敏三的关系又还不坏，看到事情紧急，就挺身出城去会杨敏三。但是杨敏三不接受调停，要继续攻城，杨鹤山回到城里扭着金良佐说，要他体恤老百姓，不能烧城。金良佐看到攻城的人多，寡不敌众，怕城破后自己走不脱，于是答应只要地方与他筹点军费，他愿率队离开，并请杨鹤山送他到雅安。金团一走，杨敏三率领袍哥打进城，将谢克熙捉住。杨敏三对谢说："你要我的钱，我要你的命!"谢克熙被绑出时，惨叫："杨大爷，我才二十几岁呀，请饶个命吧!"但是杨敏三无动于衷，谢克熙就这样被枪杀。

天全永盛乡十八道水场（集市）有个袍哥曹茂松，原曾任过县衙门的警备队长，后来退职嗨大爷。1927 年秋天，他的兄弟伙进城，为了一点小事与驻军的士兵打起来。袍哥人少，有些挨了打跑了，有几个仗恃自己是袍哥，跑到连部去，想找连长与他们敷敷面子。哪晓得连长杨某一听这些人提到袍哥，就说："老子不懂，毛多（袍哥）嘛肉少。"这些袍哥挨了骂，回去找曹茂松如此这般、加盐加醋地一说，曹就"下令"，拥了袍哥 200 人，一律便衣带刀，乘双十节的晚上进城，用马刀砍死连部卫兵，抢进营盘，杀了杨连长并砍死砍伤士兵几十人，然后将全连枪弹抢劫一空。当时天全驻军是二十四军张旅长部下李松营的第三连，张旅长大为震怒，立刻调集部队要剿办天全。地方士绅吓慌了，忙又把杨鹤山大爷找了出来，答应张旅长提出惩办祸首、清还枪支、抚恤伤亡等条件。结果是曹茂松被逼走了，驻军死的由地方安埋，伤的由地方医治，清不齐的枪弹由地方赔偿，百姓遭殃。事后曹茂松还说："杨敏三当年杀死县长都没事，杀个连长算得啥。"言下之意，不是他害了地方，而是地方绅士太胆小。

过了两年，又是这个曹茂松，由于他的兄弟伙与另一袍哥大爷杨绍兴的兄弟伙打架，他也出头同杨家打起明仗来。这一场仗前后打了15年，杨绍兴先被曹家打死，后来杨家又把曹茂松打死。前一辈死了，后一辈又继续打下去，杨绍兴的儿子杨明光与曹茂松的侄子曹独手又打了几年，双方前后死伤几百人，烧的四合头大瓦房就不知多少间。十八道水场本来是天全县的首场，附近都是产米区，但由于袍哥长期打仗，场上几百家人都搬走了，只剩下几户孤寡，场没有人来赶了；四周的田都无人栽种，成了一片荒野。1944年，刘文辉任命陈耀伦为雅属剿匪司令，由我先行带了三个营的兵力到天全，经与天全县长商议，决定对十八道水采取招抚的办法，由我先去把两方说好，双方同意以前的事一刀两断。陈耀伦到了十八道水，向双方约定，今后如果谁先动手，军队就站在被打的一方，这场械斗才算停止。当我们约集双方到十八道水时，满街房屋大多已歪歪斜斜，墙穿屋漏，街面上已长了一人高的苦蒿和野草。但是双方当事人对于这种惨况若无其事，似乎一点也不觉得难过。我也是一个袍哥，但是在那时也对袍哥起过怀疑。

受到"袍灾"的地方不只十八道水这一个地方。

天全青年袍哥李银，原来是陈步胜的兄弟伙，李银在陈步胜的提拔栽培下，嗨了大爷就不认陈的黄。陈步胜要喊人打死他，李银就跑到新场乡丁春坝他的襟兄陈思亮处去躲祸，于是陈步胜又同陈思亮打起来。陈思亮去搬邻近码头的袍哥侯明清、黄元昭、唐万寿来帮兵，陈步胜去搬李元亨、李纪文，甚至还远到荥经搬来朱世正、熊大武等来助阵。战火从1941年开始，打到1946年才由雅属剿匪司令陈耀伦调解好。六年之中，双方死伤几百人，烧了房子数十间，新场街子也闹得几年没人赶集。

在那些年月里，几乎是哪里有袍哥，哪里就有灾难，雅属各县无处没有袍哥，也就无处没有灾难。宝兴县赶羊乡袍哥大爷、县参议员杨克举与另一舵把子彭安成打明仗，从 1941 年一直打到新中国成立。芦山县程家坝袍哥大爷程志武与另一舵把子牟国才打明仗，程志武拉来灵关的余国文、杨朝明帮忙，牟国才拉来太平场的廖常君、廖常武助战，从 1941 年打到新中国成立。这些仗都是要死人的，使民众受到池鱼之殃。

袍哥大爷不仅是男的嗨，女的舵把子也是不乏其人。天全的孙三嫂随时带着几十个"兄弟伙"抢人，荥经包三嫂更是一个连军队也害怕她的女大爷。有一次，包三嫂统率一支袍哥队伍打破天全城，撵走县长张孟滔，打开监狱放了全部被囚禁的人。听说她在县政府对面茶铺里喝茶，看到天全县政府的横匾后有"黄以仁书"四字，她恨死黄以仁，立刻拔出手枪来，对准黄以仁三字，一枪一个，枪枪打中。包三嫂的枪法正是在豪强称霸、杀人放火中练成的。

单刀会和武堂子

阴历五月十三日是关圣帝君的生日，袍哥们在这天都要举行一年一度的盛会，称为"单刀会"。浑水袍哥在五月十三日也照样要办会，但他们的会不称为单刀会而称为"武堂子"。

在有关帝庙的地方，一般都在关帝庙举行单刀会，有些地方公口很多，就只好找其他大寺庙为场所举行。会场当中要挂关公家或关圣帝君牌位，点上香花蜡烛，开会时由总舵把子先向神像叩头，然后再由其他大爷叩头，以下依排行叩头。敬神以后，执法大爷坐在当中，以下依排行排坐，五排以上都有座位，以下就一律站立两旁。座位定后，由红旗管事出来办理新"进步"(加入)的手续。新参加人的排行,由其社会身份决定,可以由十排到闲五。有些由别个码头来归标的,可以提升,如原为五排的,可以提为三排,原三排的可以提升出山。归标不能换旗,仁字归仁字,义字归义字。

有钱有势的人出了山就要办出山酒,亲戚朋友都要来放炮致贺。出山酒可以请外码头的客人,而且越多越好。

在办完新进步的手续后,管事又再请示,办理提升调补,办完之后大家入席,划拳饮酒,尽兴而散。

1944年雅安荣宾合社在沙溪村白马庙办单刀会,事前推出十个管事进行筹备,分担新进、提升调补、宴会席桌、布置会场等事。开会那天,单是雅安总社和各乡分支社代表就来了八九百人。荣宾合社总社长和四个副总社长都是执法大爷,新进兄弟伙的恩兄就不限于总社长,而由参加人自由选定。因为选定某人为其恩兄,就表示与他有深厚关系,以后的生命财产,生活前途就都交由恩兄"保障"了。

浑水袍哥除了五月十三日的"文堂子"以外,还可以不定期地举行"武堂子"。

"武堂子"又叫"做贤事",赴会称为"踩堂子"。浑水袍哥都是血债累累、积案如鳞的一些杀人犯,他们为了增强力量,常常彼此联合拉拢以打击敌方,或以对抗官兵。

1946年7月,我在天全十八道水亲自参加过一次当地袍哥举行的"武堂子"。这次是袍哥大爷杨崇凯等与另一码头的大爷高鉴民等拉拢,由杨崇凯负责筹备。开会那天,会场四周安起警戒,架起机枪,各地袍哥陆续到达,都是带了全部"棍子——兄弟伙"来的。来人一律进入警戒,因为有些敌对的公口听到某些袍哥要踩堂子就常常会到时前来破坏,称为"爆堂子",为了防止堂子爆,所以警戒是非常认真的。

外码头的客拜兄一到，就派出管事拿了公口片子，亲候各公口的大爷，这些大爷有些还只是慕名未会过面的。中午时分各地客人差不多到齐，但由于很多人是吸鸦片烟的瘾哥，要摆出大烟盘子过瘾，所以到约莫午后2时才开始坐席。这次来赴会共约600人，席是九盘九碗，也有酒可喝，饭后有瘾的人继续过瘾。又过一阵，只听有人在喊"进山了！"于是几百人鸦雀无声地进入会场。会场当中是用黄纸写的一张"汉寿亭侯关羽"的牌位，点燃香烛，公举一位拜兄坐堂。其余拜兄分坐两旁，照样是五排以上才有座位，以下依次站立，人人荷枪实弹，如临大敌。这时，只见一个管事出来，丢了个拐子说："向拜兄请令。"坐堂拜兄说声："令出原堂。"管事折转身来面向大家叫了一声："盛会开始。"随着就是所谓的"一百零八堂法式"，但一百零八堂法式已仅有其名，其实我所见到的仅有五堂。

第一堂为"访山"。由一个大管事出来用编成"四言八句"的话讲一番历代讲义气的"英雄"故事。

第二堂为"团江"（团字读上声）。由一个对各方面都熟识的人出来用袍哥的一套术语介绍五排以上的袍哥彼此认识，称为"对识"。

"团江"以后，还对于这次会出了力的一些人员进行了提升调补。

第三堂为"过红"。事前已把所有参加的几百人的姓名写在红纸上，摆在会场当中，每个名字上压一个小钱。又端出一大盆酒摆在牌位前，然后管事拿一只"长冠（雄鸡）"在牌位前宰了，把鸡血滴一些在酒内搅匀，然后又把还在滴血的鸡在名单上绕三转，看血滴在哪些人的名字上，据说从这些滴血可以预卜吉凶祸福。滴完后就由一位有经验的大爷，根据滴血的名字一一吩咐，叫他们应当注意如何避凶就吉。

第四堂为"吃咒"。先由坐堂拜兄掐了一杯酒跪在牌位前赌咒说："上坐关圣贤，下跪弟子×××在面前，今后如敢上不认兄，下不认弟，死于非命，乱枪打死。"咒后将酒一饮而尽，然后其他参加的人依次上前发誓，有说乱刀砍死的，有说乱枪打死的，有说死无葬身的，有说不得好死的。所有的人经过"吃咒"，喝过这杯血酒，发过誓，以后就同生死共患难。袍哥人家不一定要先认识，只要一经这种仪式，以后就犹如亲弟兄了。

吃咒完后就是"出山——散会"。"出山"时每个由会场出来的人都要打几枪示威，称为打威武炮。机枪步枪，"乒乒乓乓"，山鸣谷应，闹了一个通夜，出山时已经是天光大亮了。

我嗨了二三十年的袍哥，现在回忆起来，我认识到袍哥是无恶不作的反动帮会组织，它的所谓"排难解纷，济困扶危"之说，其实都是弥天大谎。我自己过去与旧军政人员在讲袍哥的幌子下，给人民带来了无穷的灾难，想到这里，真使我无地自容。

张作霖与东北绿林

———

宁　武

绿林各帮概况

东北三省从清朝末年以来，就以产生土匪著闻。这有它的历史根源。它是甲午、庚子两次战乱的产物，是清朝反动统治黑暗腐败、对人民残酷压迫和剥削，以及日、俄帝国主义对东北侵略和荼毒所造成的结果，并非由于东三省人性喜为匪，更非东北这块土地适于产生土匪。

东三省的土匪多数骑马，所以又叫马胡子。它有反对反动统治的一面，但也有危害社会秩序、破坏生产力的一面。清末东北的绿林，主要形成于甲午、庚子以迄甲辰这 10 年之间。其所盘踞的地区多在辽河下游及辽西各县，也就是甲午、庚子以及甲辰各次战乱的受害严重的地区。由于兵灾之后，地方糜烂，田野荒芜，民不聊生，社会上呈现极度动荡不安的状态，一些游手好闲的青壮年就要铤而走险。同时，战后的一些散兵游勇流散到社会上无所事事，也是产生胡匪的一大来源。于是就有别具野心的不逞之徒利用这种机会，竖起绿林的旗号，啸聚徒众，称霸一方，俨然形成了独立王国，为所欲为，莫可谁何。

当年，啸聚辽宁一带的匪众主要分为以下几帮：

第一是趁火打劫，浑水摸鱼的冯麟阁：冯是海城县的衙役出身，为人贪残狠毒，利欲熏心，他看到社会动荡不安，认为有机可乘，就趁火打劫，浑水摸鱼。为了欺骗群众，笼络人心，他打起杀富济贫的幌子，纠合地方上的流氓赌棍、散兵游勇等在盘山县的田庄台、辽中、台安、锦州、彰武一带横行霸道，抢劫淫掠，为害一方。新中国成立后为我人民政府镇压的大汉奸张海鹏和曾当过绥远都统的汲金纯，都是他得力的助手。他的徒众经常有百八十人出没各地，最多时能啸聚到几千人。

第二是骄横强悍、独树一帜的杜立山：杜是辽中县人，家境贫困，为人豪爽。据说，他有八个老婆，都非常剽悍，杜和他的老婆都能骑马打枪，百发百中。他在辽中县能纠合徒众千余人，枪马俱全，自立一帮。杜在各匪首中是最年幼的一个，但他的势力最大，声威最盛。伪满有名的汉奸于芷山，原来就是他手下的健将。

第三是具有政治野心的张作霖：张本是宋庆所部毅军的一个骑兵小头目，跟兽医官学了些兽医知识，退伍后回海城县高坎村开了一小兽医庄。他因经常给各匪帮医马疾，因而同各匪帮都有所接触，到后来社会上都说张作霖是匪徒的窝主，所以也就迫使他走上了绿林的道路。当时张的势力同其他各匪帮比较起来，还是很薄弱的，徒众最多不过数百人。但张有几个助手都很强悍，如曾经毒害热河老百姓的热河都统汤玉麟（绰号汤二虎）、曾当过察哈尔都统和伪满内阁总理的张景惠和曾做过吉林督军的张作相等都是张作霖的得力助手。汤玉麟在捕盗营当兵，原是个赌棍出身，用烧红的铁通条烫自己的肋骨，眉头不皱，谈笑自若；张景惠原是个豆腐匠，后拉起一小帮；张作相是泥瓦匠出身，在锦州也拉起一小帮。后来他们都投到张作霖的旗帜之下，入了大帮。张作霖在帮中本来是后起，他的势力所以扩展得那样快，和他手下这三员健将是有直接关系的。

第四是认贼作父、卖国求荣的金万福：金原是小站北洋新军的一个小头目，因不习惯军队的纪律生活，回到家乡海城县后，见到当地土匪势力很大，而且可以为所欲为，于是就纠合一批流氓、恶棍、赌徒等成立匪帮，自己当上了头目。但他因为人少力弱，便拜冯麟阁为老大哥，等于是冯麟阁的一个别动队，唯冯之马首是瞻。

第五是混入匪帮进行间谍活动的日本人王小辫子：所谓王小辫子，就是甲午战争时在旅顺口被杀死的日本间谍田老二的同伙"王老板"（日本名字已记不清了），他是甲午战争后日本潜伏下来的特务机关长。另有一个助手叫林大辫子，日本原名叫津久居。他们都是日本现役军官，潜伏在中国进行间谍活动。两人和众匪首拉拢勾结，为各匪帮供应枪械子弹等，自己也成立一小帮，跟着各匪帮活动。

以上这几帮马胡子都是在庚子前后生成和发展起来的。冯麟阁的资格最老，除金万福拜他为老大哥外，杜立山和张作霖都算是他的晚辈。杜立山有个本族叔父名叫杜泮林，是辽中县的一个举人，给众匪首出谋划策，俨然是他们的军师，除因年龄关系，和冯麟阁以弟兄相称外，张作霖、金万福都拜他为义父。各匪帮初起时，抢劫财物，烧杀淫掠，无恶不作。庚子以后，他们的做法有所转变，基本上是各踞一方，各有自己的势力范围，已不以一家一户的抢劫为主，而是与地方富绅、地主勾结，并与官吏互相默契，各在所盘踞的地方实行保险，即保证在所保险的界内不发生绑票抢劫案件，而由界内居民按月摊派一切费用。这样，地方上虽然可以苟安于一时，但是劳动人民的负担就越发沉重了。

日本间谍对胡匪的勾结和利用

甲午战争后，东三省成为帝俄和日本两大侵略势力的角逐场。日本因被帝俄联合法、德两国强迫归还辽东半岛而始终不肯甘心，一直在进行阴谋活动，想实现它的所谓"大陆"政策。因此，日本秘密派遣现役军人潜入东三省及内蒙古等地勾结和组织土匪，并挑拨汉、蒙古族之间的关系。王小辫子就是负有勾结和组织土匪任务的一个现役军人。在甲午战争前，他是在旅顺口和山东威海卫一带刺探我国海军情报的大间谍。战后，他又混入东北匪帮之内，极尽拉拢勾结和利用之能事。他的助手林大辫子是日本士官学校学员，辛亥革命前曾自称是关东厅守备队驻瓦房店的一个联队长。王、林两人为勾结和利用土匪所下的功夫很深，所起的作用也很大。王小辫子和冯麟阁、张作霖结为盟兄弟，金万福因与冯的关系也常同王接触，后来成为密友。这几个匪首都称王为大爷，唯杜立山不然。杜与王不相往来，因为杜立山的第三个老婆王氏就是甲午战争时在小平岛杀死日本间谍田老二的那个英雄女子。他在众匪首宴会中见到了王小辫子以后，王氏即将王小辫子的一些情况说给了杜立山，所以杜对王小辫子始终保持着警惕，拒绝和他接近。

杜立山虽是冯麟阁的晚辈，但他与冯的关系比较深，冯对杜也较亲近。杜曾劝冯说："王小辫子是一个日本间谍，他所以要混到我们这里来，是不怀好意的；我们过去不得已走上了土匪的路，这已经是很难看的了，再受日本间谍利用做个卖国贼，那岂不更是留骂名于千古吗！"后来，冯把杜劝他的这番话告诉了金万福。金听到后，一方面在表面上对冯进行敷衍，另一方面对王不但不戒备，反而更加密切了。王听到金的诉说后，更加利用种种手段把金紧紧地笼络在他的手中，使金完全听从他的摆布。金在王的吹捧之下，更加得意忘形地劝冯说："人生在世，总要有个出头露面的日子吧，我们搞这种勾当，到什么时候才算了呢？这能有什么好下场呢？"接着他就把王的情况介绍给冯，说：不错，王确实是个日本人。他因为在军队中犯过错误，不愿回日本，就流落到这里和我们混在一起。我虽然和他认识在后，但是他很相信我，对我无话不说，可说是相印以心。他过去在陆军中当过将官，有好多同学同事和三井洋行老板有关系，我们和他多接近，不但现在的枪械子弹容易解决，而且将来我们缺钱有钱、缺人有人，哪里有这样好的借重呢！我看我们应该想开一点，日本固然是中国的仇敌，但这和我们个人又有什么相干呢！我们要为自己的前途打算，不要听杜立山这个小子胡说八道。杜立山耳朵软，听老婆的话就信以为真，太没有汉子气了。我们应打定个人的主意，不要三心二意，摇摆不定。金的这番话虽然打动了冯的利欲念头，但杜立山劝说他的话已先入为主。是留骂名于千古呢？还是贪图快意于一时呢？冯一时难以决断，因此对王小辫子也就采取不即不离、亦即亦离的态度。

后来，杜立山的忠告终究未战胜日本间谍处心积虑的勾引，冯麟阁对王小辫子虽然存有戒心，但仍逃不出王的魔掌。金、冯两个匪首终于在日本的指使下，出动他们的骑匪破坏东清铁路工程，并扬言除非帝俄拿出巨额代价，绝不停止扒路活动。帝俄侦知这种情况，派便衣人员设法把冯捕去，押赴西伯利亚下狱，但为时不久，又由王小辫子收买中国通事（即翻译）刁义廷从西伯利亚监狱中把冯营救出来。冯回到奉天，仍旧干他的老勾当。从此以后，冯、金同帝俄结下了深仇，却一头扎进了日本间谍王小辫子的怀抱。

甲辰日俄战争中，日军在辽阳南首山一役遭俄军抗击，屡攻不下，伤亡惨重，结果利用冯麟阁、金万福所部骑匪数千人组成了所谓"忠义军"（当时人称为花膀子队），从辽河以西挺进，抄袭首山的右侧背。

俄军出于不意，放弃首山，向北败退。日军乘胜长驱北上，俄军一败涂地，不可收拾，日俄战争胜负之局，由此也就决定了。冯、金两匪部帮助日本袭击俄军，使首山战役转败为胜，因而决定了整个战局，立下很大的一功，日本天皇奖赏他们两人宝星勋章，并电请清政府将这两个匪首收编重用。不久金、冯两人就被清政府擢用为奉天省巡防营统领和帮统。虽然如此，冯麟阁多少总还知道一点民族气节，以后渐渐地与日本疏远下来，唯有金万福一心甘愿做汉奸，所以他的帮统衙门里用了大量的日本顾问为其出谋划策。金所部巡防营驻在铁岭、开原一带，常在辖区内兴风作浪，敲诈撞骗，设赌抽头，在奉天绑票勒赎，不过是由土匪变成了官匪。

张作霖的出头露面和杜立山的被消灭

张作霖对各匪首均采取不即不离的态度。他是个机警过人、别有野心的人物。庚子变乱之后，他看到这样干下去是不会有好结果的，就同张景惠等几个得力伙伴计议说："我们长此在绿林中吃黑饭，前途暗淡，是毫无出路的。我看不如借我们现有的这点实力做本钱，向官家讨价，弃暗投明，总比这样继续干下去有些出路。"当时他的几个伙伴都表示同意，并且说："只要当家的（匪中黑话，即首领之意）有好办法，打定主意，我们无不唯命是听。"张接着说："只要大家愿意，我自有道理。不过在未实现以前，必须严守秘密，如果泄露出去，不但事情要失败，而且更要被绿林朋友耻笑。你们也许听说了吧？盛京将军增祺前些日子已派人去关内接家眷来奉天，这就是我们的大好机会。将来增的眷属从此经过，我们要连人带物都给劫下来，但不准乱动，到时听我的命令行事，违者就要以手枪相见。"

果然，不久增祺的老婆和随护人员乘着十几辆马车行至新立屯附近一条荒僻路径，就被张作霖早已埋伏的匪众截住，将大小官弁所携带的枪械子弹以及数十件箱柜全都劫了下来，连人带物一并押解到新立屯街上。他们把掳来的人员车马都安顿停当，单给增的老婆和她的贴身侍者安置在一座很好的房舍里，并用最好的鸦片烟款待增的老婆和随行人员。这些人看到这帮土匪非常温和，很容易接近，心中有些莫名其妙。张作霖又亲身招待随行的几个重要人员躺在床上吸鸦片烟，还表现出唉声叹气的样子，并说："咳，现在我们的国家如此软弱，受尽了外人的欺凌，真使我有说不出来的伤痛！我们所以当上土匪，也是被逼上了梁山哪！"增太太的随行人员看到张谈吐如此文雅和满腹牢骚的情景，料定其中必有文章，其中一个比较有地位的人搭讪着说："我们很同情你的处境，我想我们将军来到奉天一定会有办法的，你们也一定会有出头露面的那一天。"接着又说："请原谅我不懂规矩，不知道应该怎样称呼，请问您贵姓？"张答说："我就是张作霖。"这几个人一听是张作霖，倒抽一口冷气，一时都很愕然。这些人过去听说张作霖是奉天著名的匪首，生的身魁力大，面貌凶恶，今天真个见了面，却是这样一个儒雅温和、文质彬彬的二十六七岁的青年，暗中觉得有些诧异。张作霖接着就把自己的身世和为什么会走上绿林这条路的前因后果，很坦率地说出来，言下流露出一股愤懑不平之意，并故意对盛京将军增祺表示怨恨，说增到任不久，不弄清真假虚实，就要严拿法办，使我们有口难辩，不过我们干这个勾当将生命早已置之度外了。那个随员接着说："依我之愚见，长此同官家作对，毕竟是没有好处的。为了个人的前途，我看你们弃暗投明，才是正路。"随后又问张："假如有这样的机会，尊意如何呢？"张回答说："我已说过了，我们是万不得已才当上土匪的，假如能得到机会为国家效命，是正合我们的心愿的。不过听说增将军这个人很固执，我们现在还很难使他改变态度。"张接着又问："你们究竟是哪一部分的？那位太太又是谁？请放心，我们保证不会加害你们。"带头的那个人思索片刻说："待我回禀太太一声，取得她的吩咐再同你谈。"这位随员立即去见增太太，把和张作霖的谈话经过述说一遍。增太太当时考虑，一来为了解除眼前急难，二来为了替增祺去一地方治安的大患，论公论私都应见张一面。她和随行人员商议决定之后，准备与张一见。张入室行了个大礼参拜，低首站立着说："张作霖冒犯夫人，愿听吩咐。"增太太看张对自己很恭敬，也很谦逊，就对他说："我明白告诉你吧，我就是增将军的夫人。我们这次是由京城来到奉天，路过此地。我原在省城时，就听说绿林各帮与增将军为难，特别是你的声名最大。现在路上巧逢，想不到你这样对待我们。适才听到随行人员报告关于你过去的一切和你的愿望，我很同情你。我看你是一个很有为的青年，而且又有这样一部分力量，假如你能很快地改邪归正，弃暗投明，前途一定是不可限量的，我想你一定会愿意这样做吧？只要你能保证我们一行平安到达奉天，我也一定保证向增将军建议收编你们这一部分力量为奉天地方效劳，既有利于地方治安，你们也有了出路。你看这样好吗？"张立即称谢，并说："假使我张作霖能带众弟兄投到增将军麾下，为国家效命，有生之日绝不能忘掉增太太的大恩。"随即辞出与张景惠等说明，并命令匪众把所劫的东西连同枪械子弹照数交还随行人员查点清楚，寸草未动。增太太和随行人员更是大受感动，并拿出五锭纹银赏给张的部众。张婉言谢绝说："只要我们有出头露面的一天，那就没世难忘了。"增太太一行人等随即离开新立屯，平安回到了奉天。

增太太到达奉天后，立即把途中遇险和张作霖诚心弃暗投明的愿望说与增祺，并且把张作霖的实力和他的为人以及她本人对张的看法，详细向丈夫叙说了一遍。增祺听太太和几个亲信随员说了这些情况后，一时大为动容，经过考虑后，决定奏明清廷，并命新民府知府曾子顾把张部众收编为省巡防营。这是清光绪二十八年（1902 年）的事情。从此以后，张作霖和他的三个助手就成为奉天省防军的正式军官了，但仍驻在新民，负责维持这一带地方治安。过了不久，增祺召张作霖到省城晋见，张做贼胆虚，托故让张景惠顶替他去省城，被增的左右识破，禀明了增祺。增知道张作霖有所顾虑，加以原谅，并指示张景惠说："只要你们真能为朝廷效命，我就一定准许你们戴罪立功，决不会欺骗你们的。现在奉天省还有杜立山等几个匪帮为害地方，应密告张作霖相机图之，如能为地方除掉这些巨患，那就是你们的大功，将来一定还要重用你们的。"张景惠受到增的抚慰之后，回到新民如实对张作霖说明。张作霖听到后，又羞愧又感动，同时内心也就打定主意了。

奉天各匪帮中，实力最雄厚的算是杜立山了。他在匪中独树一帜。除对冯麟阁以老前辈相待，特别尊重外，对其余各匪首均不在话下，骄横傲慢，目空一切。杜和金万福不常来往，对于张作霖的投降，认为是没有小子骨头，加以鄙视。而日俄战争后，除冯、金两匪帮助日本攻陷首山有功，经日本建议清廷收编为省防营，其他零星小帮已大部被张作霖陆续消灭。到了 1907 年（光绪三十三年），只有杜立山一股还为害辽西一带，未被消灭。这时徐世昌已任东三省总督兼练兵大臣，带了一镇（即一师）陆军兵力到奉天，以壮声势，首先严令新民府知府沈金鉴和张作霖二人共同负责，限期剿灭杜立山匪众，逾期不灭，唯他们二人是问。其实张作霖在被收编前就认为杜立山是上眼皮子了，收编后更视其为眼中钉，早已打定主意要消除他，只是苦于难得下手的机会，在未动干戈前，他同沈金鉴计议，秘密布置自己的心腹对杜立山的匪众进行分化，同时以朋友交情劝杜投降为由，诱骗杜立山来新民宴会，以便乘机捕杀。但这一计遭到了杜立山的拒绝，杜仍然很骄横地称："你为官，我为匪，我们已经是走两条道路的人了，当然也就谈不上什么朋友和交情。我们是有骨头的，我们看你升官好了。"张知道杜立山很听他叔叔杜泮林的话，就又以义父子的关系，亲自把杜泮林接到家里，优礼相待。张向杜泮林表示，他常想劝杜立山洗手归正，并说："以立山的才干和力量，何愁不青云直上呢？可是立山始终不肯回头，前几天徐总督带兵到省，特设酒席请他来，再进最后忠告，可惜他反而误会了，不但拒而不来，并且说些闲话。这次请老人家来，就是为了此事，仍想请他筋叙共商进止。现在徐总督带重兵来奉天，决心要消除地方匪患，不像从前自家朋友，彼此可以相安无事心照不宣了。立山不能再继续干下去了，趁徐总督还没有动手的时候，我和沈知府力主招安，他投降是有把握的。老人家如果同意，拟请您亲自出面邀他前来，以免再发生误会。"杜泮林听了这番话，认为张作霖很够朋友，是完全出于诚心善意，慨然应允，并亲笔写信给杜立山，要他马上前来，杜立山见到叔父的手谕，也就毫不迟疑地来新民府赴约。他恃有实力，骄傲自满，加之又有自己的叔父从中为力，根本没有考虑张作霖别有歹意，因而毫无戒备。但张作霖暗中早已布置好了，当杜立山到后，表面上特别欢迎，并对杜泮林尽量恭维，使杜立山无所疑虑，坠入了他的天罗地网而插翅难逃了。待时机一到，张作霖一个暗号，里外同时动手，当场把杜立山捕捉起来，外边也把他带来的十几名砥柱缴械捆绑了，随即经派来的警务处人员监视就地将杜处决。到此时杜泮林如梦方醒，才知道是中了张作霖的诡计了。杜指责张作霖卖友求荣，无信无义，要和他拼命，张作霖很镇定地说："杜立山凶横残暴，恶贯满盈，我奉总督之命为地方除害，这正是大仁大义。事前所以不同老人家说，是怕事机不密，就要大动干戈。这样一来所全者大，所伤者小，老人家为了侄儿，情固有所难堪，如从大义灭亲的道理看去，也就可以心安理得了，这次兵不血刃而为地方除一巨患，完全是老人家的力量，我张作霖决不能贪天之功为己功，一定要报请徐总督从优奖叙。"杜泮林气稍平和，回答张作霖说："我没料到你会这样欺骗我。我已老了，苟全性命，不求显达，所最痛心者，由于我诱骗了我的侄儿，侄儿虽不是亲手所害，却死于我手。"言下又老泪纵横，泣不可抑。张作霖赶忙上前极力安慰，并保证对老人家晚年生活负其全责。杜泮林见事已至此，无可奈何，勉抑悲怀，对张说："算了吧，为奉天除害，你是做对了。死者不可复生，还有什么话可说呢？只希望你对他的身后加以照顾，对于他的部众有所安抚。你赶紧向总督报功去吧，前途远大，好自为之！"张又安慰杜泮林一番，答应对杜立山的家属一定要尽到朋友之情。杜立山的匪众因已做了分化工作，除少数抗拒的已予剿灭或逃散外，其大部分均愿降服，报准收编。张作霖因这次剿灭杜立山有功，被升任为奉天省巡防营前路统领，张景惠任他的帮统，张作相、汤玉麟都做了他的管带。抄获杜立山的赃物，只白银一项就有数百缸，均上缴省防军营务处，枪械子弹、马匹留营使用，免予上缴。徐世昌另外还赏张作霖银一万两。从此，奉天省的大帮土匪都已消灭，张作霖的实力益强，后来就成为割据东三省的大军阀了。

迷信诈财的"江相派"

旧时代里，在广州语系地区，曾经长期存在着一个以迷信诈财为职业的秘密集团。这个集团自号为"江相"，意思是江湖上的宰相；其他不属于这个集团的同行被称为"土相"。

这个集团的人员极为复杂，既有相命先生、神棍、庙祝、道士、尼姑、和尚，也有斋婆、"姑婆"（斋堂的女主持）、江湖贩药者、"老千"（骗子）、流氓、唒、小偷等。这个集团和洪门会有很密切的关系，集团的大多数成员都是洪门会的会员。构成集团核心的头子，即所谓"师爸""大师爸"等必定是洪门会内的大学士、状元、进士等，但又必定都是所谓得到"师门"真传的大相士、大神棍等。

这个派系在旧中国里存在达 200 多年之久，而且代代的大师都是有"法"有"术"的大相士、大神棍，他们凭借着"师门"传授下来的"法"和"术"，更运用自己的欺诈和组织力量，不断制造出许多"神迹"，以欺骗和愚弄广大人民群众，并加固了封建社会"神权""命运"的迷信堡垒。

我父亲就是这一个派系的成员，他做了 40 多年的相命先生，在香港、广州、韶关都曾名噪一时。

我 15 岁那年，父亲有个同门师弟，不晓得为什么会看上我，在他病危的时候，把师门的"法"和"术"匆匆地传给我。因此，我深知其中的黑幕，但过去一直不敢揭露；我不是害怕派系报复，而是担心会产生很坏的效果——会让坏分子利用这些"法"和"术"来欺骗广大善良人民。

英耀篇

所谓"师门"真传的"法"和"术"是什么呢？"法"就是一本大相士、大神棍们必读的"秘本"，名叫"英耀篇"。"术"就是历代积累下来的，怎样装神弄鬼、欺骗群众、行之有效的经验；它又分为两本，一本名叫"扎飞篇"（"扎飞"就是装神弄鬼的方法）；一本名叫"阿宝篇"（"阿宝"就是用"种金种银"的诈术来骗人财物的方法）。

"英耀篇"被认为是师门大法，是不轻易传授给徒弟的，得到这个"秘本"，才算得到师门的真传。它规定不能传授给儿子、女儿和女婿，又规定被传授人要具备下列几个条件："个头"（即相貌、仪表）能够"压一"（即是使求神问卜的人见而敬服的意思）；资质要聪明、伶俐，声音要洪亮，词锋要锐利，心术要正（这指的是不过分贪婪，能保守师门秘密，遇到失手时不出卖同伙）。传授时，被传授人要经过拜祖师、焚丹书立誓等一套仪式，才由师父把这秘本口授给徒弟，并传授怎样鉴别同门的方法，以及一首自述宗派、世系的歌诀。父亲一生曾收过十多个慕名前来拜师的徒弟，有几个还跟着他十年八年，却没有一个得到这个秘本。我父亲有几个徒弟，知道我得到了这个秘本，曾经费尽心思想求我念一遍给他们听，我以师门法规做挡箭牌，坚决拒绝了。这秘本结尾有两句话说:"慎重传人,师门不出'帝寿';斯篇玩熟,定教四海扬名。"可见这派系怎样重视这本"大法"了。

什么是"英耀篇"呢?"英"就是家底、身世的意思;"耀"就是用非常高明的手法去取得的意思。合起来就是"怎样运用高明的手法去使对方吐露自己的家底和身世"的意思。

这"秘本"是用骈体文写的,全文不过 700 多字,却把封建社会里伦理之间的利害关系,各色各样人物的意愿和欲望,怎样从他们的外表、言语来观察他们的身世和内心世界,怎样使他们吐露自己的家底、身世的方法等,都很概括地写了出来。但文内最主要的词句,全用江湖黑语代替,例如"天"代表父亲,"追"代表儿子等,即使你懂得这些黑话,如果不是由师父亲自指点,也无法领悟其中最主要的部分——方法论。现将原文录下:

一入门先观来意,既开言切莫踌躇。天(父)来问追(子)欲追贵,追来问天为天忧。八(妻)问七(夫),喜者欲凭子贵,怨者实为七愁。七问八,非八有事,定然子息艰难。士子问前程,生孙(商贾)为近古(近况不好)。叠叠问此件,定然此件缺;频频问原因,其中定有因。一片真诚,自说慕名求教,此人乃是一哥。笑问请看我贱相何如?此人若非火底(有权有势的人物),就是"畜生"!砂砾丛中辨金石,衣冠队内别鱼龙……(下缺四句)

僧道纵清高,不忘利欲。庙廊达士,志在山林。初贵者志极高超,久困者志无远大。聪明之子,家业常寒。百拙之夫,财终不匮。眉精眼企,白手兴家之人。碌碌无能,终生工水(职工、贫穷)之辈。破落户穷极不离鞋袜,新发家初起好炫金饰。神额光，不是孤孀亦弃妇。妖姿媚笑，偏非花底（妓女）定宠姬。（中缺两句）满口好对好，久居高位；连声是是，出身卑微。面带愁容而心神不定，家有祸事。招子（眼睛）闪烁而故作安详，祸发自身。好勇斗狠，多遭横死。怯懦无能，常受人欺。志大才疏，终生呱呱空抱恨。才偏性执，不遭大祸亦奇穷。治世重文学之士，乱世发草泽英雄。通商大邑竞工商，穷乡僻壤争林田。……（下缺四句）

急打慢千，轻敲而响卖。隆卖齐施，敲打审千并用。十千九响，十隆十成。敲其天而推其比（兄弟），审其一而知其三。一敲即应，不妨打蛇随棍上，再敲不吐，何妨拨草以寻蛇。（下缺两句）先千后隆，无往不利；有千无隆，帝寿之材。故曰：无千不响，无隆不成。学者可执其端而理其绪，举一隅而知三隅。随机应变，鬼神莫测，分寸已定，任意纵横。慎重传人，师门不出帝寿，斯篇玩熟，定教四海扬名。

我现在对"秘本"文句做些解释，并尽量译成一般用语。

"秘本"劈头第一句便说："一入门先观来意，既开言切莫踌躇。"这就是说，对那些前来看相算命、求神问卜的人，一进门来，就要先观察他是怀着什么愿望和心事而来的，你如果揣摩不透，就不要胡乱发言，但一开口，就要运用一套"军马"（有组织、有层次的发言和发问）来对付对方，切勿犹疑不决，你一有犹疑，对方就会对你不信任了。

跟着，它便根据人们心理的一般规律，一一分析说："父亲来问儿子，是希望儿了富贵；儿子来问父亲母亲，必然是父母遇着什么不幸的事情。妻来问夫，面上露出一片希望神气的，是想丈夫富贵腾达；面上露出怨望神色的，必然是丈夫好嫖好赌，或者是宠爱妾侍。夫来问妻，不是妻子有病，就是她没有养育儿子。读书人来问，主要是求功名富贵；商贾来问，多数是因为生意不前。""秘本"还提醒后学门徒说："态度诚恳而又自说慕名前来求教的人，多数是最相信命运的'一哥'（一哥实际是死人的意思，这是江湖相士们侮辱顾客的隐语）；而笑口吟吟地说：请看我贱相何如？这种人，如果不是衣丰食足的权势人物，就是'畜生'（畜生是江湖相士们骂那些有意前来捣蛋的顾客的隐语）。屡屡问这件事，定然缺少这一样，频频问什么原因，其中一定有原因。要注意啊！有些富贵中人会装出很穷困很倒霉的样子来试你，你要在沙砾丛中辨出是金是石；要小心啊！有些破落大家的子弟或是清寒之流的人物，会混进一群富贵人中来相命，你要在衣冠队里识别谁是龙，谁是鱼。"

"秘本"的第二部分，是从人们的外表、谈吐、性格，来分析他们的意愿、心理状态，以及可能遭遇的命运等。它说："即使是最自命清高的和尚和道士，他们心里仍然忘不了利欲；但那些做大官的人物，即使心里很贪恋禄位，却喜欢谈论归隐山林。""刚刚中了举人、进士或新做官的人，他们的欲望极大，而且趾高气扬；而那些长期潦倒或郁郁不得志的人，他们希望却很低，不会有远大的志愿。""聪明之子，他们高不成，低不就，左碰右碰，结果常是很潦倒、很贫苦；百拙之夫，他们希求不高，上司喜欢他，老板喜欢他，他那饭碗倒是可以长久保持，家中常会有节余。""皮肉幼嫩而形容枯槁，衣服寒酸却穿鞋踏袜，多数是破落户。粗拳大爪而意气自豪，衣服朴素但戴着金玉饰物，必然是个白手兴家的老板。""衣饰虽华丽，但额角光滑，面带愁容的，不是孤孀，就是弃妇；满手金饰，打扮得很妖姿，眉目间带有风情的，不是当红的妓女，就是富贵人家的宠姬。""满口对对对，会是个有权势的人物；连声是是是，他的职位、身世一定很卑微。""面带愁容，心神不定的，一定是家中发生不幸事，但如果言辞闪烁，故作镇定的，必然是他本身的罪恶丑行败露了。"

"秘本"的第三部分，是方法论，是全篇最重要的部分。它把怎样套取对方家底、身世，以及让他们心悦诚服的方法，归结为"敲、打、审、千、隆、卖"六个字。"敲"就是旁敲侧击；"打"就是突然发问，使对方措手不及，仓促间吐露真情；"审"就是察貌辨色，判分真伪，并从已知推断未知；"千"就是刺激、责骂、恐吓，向要害打击；"隆"就是赞美、恭维和安慰、鼓励；"卖"就是在掌握了对方资料之后，从容不迫地用肯定的语气一一摊出来，使对方惊异和折服。这六个方法是互相配合的，所以"秘本"指出说："隆卖齐施，敲打审千并用。"至于怎样配合运用呢？它说："敲其天（父）而推其比（兄弟），审其一而知其三。""急打慢千，轻敲而响卖。""一敲即应，不妨打蛇随棍上，再敲不吐，何妨拔草以寻蛇。"但最重要的是"千""隆"两个字，所以"秘本"上反复指出："十千九响，十隆十成。""无千不响，无隆不成。""先千后隆，无往不利。""有千无隆，帝寿之材。"

怎样灵活运用这些方法呢？那个传授人曾经举出很多例子来说明。其中一例说：比方有个25岁的青年男子跑来看相算命，他外面穿着一件七八成新，尺寸很相称的文华绉长衫，内面却是一套陈旧但质地手工很好的熟纱衫裤，鞋子很时款但已破旧不堪。他入门后，迟疑了一下，望望周围，见到没有熟人，这才放心走入。看他的样子：手尖脚细，皮肤幼嫩，但愁眉不展，满面懊悔的样子，而且眼内无神，面色憔悴、苍白。问他是占卦、算命，抑或是看相看流年气色？他问清价钱和内容之后，考虑了一下，就答道："先给我看看气色吧。"

这个青年男子的这种动作，就已经把自己的身世和遭遇，告诉了相命先生了。

　　他的衣着、外貌、表情、语言是一致的。他的衣着很称身，质地上等却破旧；他手尖脚细，皮肤幼嫩，但愁眉不展。这表明他是个"二世祖"之流的人物，三两年前还很豪阔，但近一两年来已经破落了，陷入贫困境地了。青年男子总喜欢三五成群跑来看相算命，问前程，特别是那些读书人和富家子弟，更喜欢相士们在他的朋友面前恭维他的"富贵命"，从而获得精神上的安慰和满足。而这个人却反常，这只有两种可能：或是他心中有不可告人的疑虑；或是他的朋友抛弃他，他穷极无聊，独个儿闲荡，撞上门来碰碰运气。但他不是前者。一般人迅速破产的原因不外三个：一是生意失败，二是意外的灾祸，三是自己挥霍无度。而"二世祖"们破产的原因，十分之九是由于第三种——好嫖滥赌，挥金如土。但由于意外灾祸而破产的人，面上表情只有惨淡而无懊悔；如果是由于生意失败，而他曾经在商场内混过三几年，那么，倒霉的时候就不会再穿件文华绉长衫；如果他滥赌，这件文华绉长衫也值得几文钱，早就拿去做赌注了，留不到今天。只有那些不久以前还在花厅妓馆称豪充阔的纨绔子弟们，穷死也要留回一两件光棍皮来遮门面；也只有这种人，穷了就失掉平日那班猪朋狗友，所以他才会独个儿跑来看看命运，而且行藏闪烁，怕碰见从前那班阔少们。从他破产的原因，又可以"推"出：他可能年幼时就没了父亲，极可能还是个独子，最低限度，他的父亲也在几年前亡故，他有兄弟也不会多。如果他的父亲还活着，或者长兄当头，那么，他们断不容许他把那份家产花个精光的。只有那些自幼就没了父亲的二世祖们，在慈母的溺爱和纵容下，才会养成这样一个不知稼穑艰难、乱挥乱散的寄生虫。还可以"推"出：他出身于富商的家庭，而不是官僚世家。因为官僚世家子弟，他的亲戚和父执辈中，总会有些是官场人物，他即使读书不成，总会想到找找那些阔亲戚，找份差事也不难。如果他心中有所营谋，就会先占支谋望卦，问问能否成功？但他不占卦而看气色，眼中又没有露出希望的神色，这表示他潦倒漫无希望。为什么他不敢求求那些亲戚、父执们帮助，谋碗饭吃呢？这只有一个解释，他们都住在本处，大家都晓得他滥嫖或滥赌的行为，而从前正当商人们，最憎恶这种败家子弟的，所以他不敢去见他们。

虽然这个青年男子的身世大部分都已掌握到，但有经验的相命先生，还不敢贸贸然"落千"，仍然"敲"个清楚，"审"个真切。

首先用"我看你满面暗晦之色，怕你在这一两年内会有大丧，你还有母亲没有？"这一类的话来"敲"他的父母。如果对方答："母亲去年死了。"那就"响卖"一下："我看得对吧，你这一两年内真是丧了母亲吧。"跟着，就打蛇随棍上，"打"他一下，突然问他道："你父亲死了多久？你几岁没有父亲的？"对方如果答："他在我五岁时死了。"那又可以再"响卖"一下："额角岩巉先丧父，你额角这样岩巉，当然幼年丧父呢！"跟着又"打"："你是长子吧？"对方如果答"是"。那他有多少兄弟就可以"审"出来了。试想想：他是长子，但五岁就死了父亲，难道还有五六兄弟吗？所以又可以"卖"一下了，说："你居长，我怕你没有兄弟，有也不超过一个两个，而且也不会和气，是不是？"

把对方的父母、兄弟都探清楚了，看来自己的估计大致不错，就可以落"千"，先"千"他的潦倒，再"千"他那班猪朋狗友怎样忘恩负义，不够交情；又"千"他的亲戚朋友，说他们怎样冷落他、轻视他。这些话，不仅对于这个"败家荡子"适合，就是对于一切家产衰落的人都适合，当然能够句句"千"中这个青年男子的心灵深处，使他感到这个相命先生真是"灵验"。所以"秘本"上说"无千不响"，就是这个道理。

可是，单是有"千"还不成，因为"千"只能灵得从前，只灵得一半，要连未来也灵验，就非"隆"不可。因为"隆"可以发生两种作用：一是使对方感到目前精神上的安慰和满足，使他替你吹嘘，介绍别人到来看相算命；二是这种未来命运的预言和暗示，常会发生一种精神力量，影响着对方的前途。所谓"隆"，并不是盲目地恭维和赞美，最主要的还是结合社会的发展和需要，以及对方的出身、性格、资质、社会关系等，对他的前途做出适当的预示和加以鼓励。这个"二世祖"，他已经25岁了，读书不成，也没有胆识和勇气，连谋生技术也没有，在封建时代里，他既无条件应科举试，从仕途出身；也没有胆量去投军就武，博取功名。从事工商业吗？既没有经验和技术，也怕筹不出本钱。对于这种人，如果你预言他将来可以当大官，教他从政从军，或者说他将来可以做个大工商业主，教他卖了仅剩下的那间住屋来做本钱，这是毫不适合实际情况的，结果只有完全失败，那你的预言就不灵验了。但如果你教他痛改前非，下气低头去央求一下亲戚朋友，谋求店员的职位，勤勤恳恳地工作，非常节俭地生活，将来也许可以做到小康小富，这倒不是幻想。因为他虽然目前破落了，还会有许多有钱的亲戚朋友，如果这些人见得他确实悔改前非，肯勤勤恳恳地工作，也许会有一两个体念亲戚的情面，收用他；如果他今后能够勤勤俭俭，渐渐有了做生意的经验，又多认识了一些商界人士，那么，他那个饭碗也许可以长久维持。这样，你的预言就灵验了。所以"秘本"上说"无隆不成"，就是这个道理。

传授人特别着重"隆"这个字。他教我说："如果是太平盛世，你就要多鼓励资质好、有条件的人去应科举试或从事正当的工商业，如果是乱世，你就要多鼓励够胆识、够豪爽的人去从军就武，或是捞偏门（即承办烟赌、捐税以及走私、炒买炒卖等）。"他还说："这样做，对自己大有好处，而且有百利而无一弊。你教一千人一万人这样做，说他们将来一定发迹，他们的心里一定很喜悦，而替你吹嘘，这使你当下就有收益。但将来的收益会更大，只要其中有几个人真的当上大官或大富商大财主，他们即使没有重重酬谢你，也会替你宣扬，夸奖你灵验，有几个这样有势有面子的人替你撑腰捧场，你就享受不尽了。而那些捞不起的绝大多数人，也不敢说你不灵验，因为你在替他们相命的时候，早已埋伏了好几手，例如说看他们家风水怎样？祖宗阴德怎样？自己私德怎样？等等。他们不发迹，只好自怨家风水不好，祖宗德薄，自己私德有亏，等等。至于那些在战争中战死的人，更没有生口对证，哪还会说你不灵验！"

我的父亲以及同一派系的许多大相士们，就是靠着这样的伎俩来欺骗世人，享名一生的。当然，这本"英耀篇"所传授的，还只是一般的"法"，如要更灵验，更能骗人，他们还另有"术"。

扎飞篇

"扎飞篇"也是"师门"三宝之一，但它不如"英耀篇"那样重要，是准许传授给一般徒弟的。它大致也可以分为三部分：第一部分是一段200字左右的纲要式的文字，扼要论述"扎飞"的一般法则和对象。这一部分，各家的"传本"都大体相同。第二部分是叙述怎样祈神禳鬼的仪式和办法。这一部分，各家的"传本"互有差异。第三部分最重要，即所谓"师门心法"，是上辈装神弄鬼的具体做法和经验。这一部分，各家的"传本"几乎无一相同，即使是同一师父的"传本"，也互有分歧。第一部分原文如下：

凡"一"皆可以"扎飞"也。君子敬鬼神而远之，小人畏鬼神而谄之。或求妻财子禄，或畏疾病灾祸，非有所惧，即有所求。察其所惧，觇其所求，而善用"军马"，则"一"无不唯命是听。故曰："我求他不如他求我。"

"扎飞"之术，贵在多方，幻耶真耶？神化莫测。小验然后大"响"，众信然后大成。

鬼神无凭，唯人是依。一犬吠形，百犬吠声，众口铄金，曾参杀人；虽明智之士，亦所疑惑，何况"一"哉。善为"相"者，莫不善用"媒"，故曰："无'媒'不'响'，无'媒'不成。"

"扎飞篇"劈头几句意思就是说："对一切迷信鬼神、命运的愚夫、愚妇们，都可以用装神弄鬼的办法来骗取他们的财物。具体的方法是：先要了解他们心中最担心、最害怕的是什么？最渴望的日夜祈求的是什么？然后善于运用'军马'（语言），恐吓他们、引诱他们，他们就会一厢情愿地听从你的指使，甚至央求你替他们祈神禳鬼，替他们消灾消难，或者求神庇佑赐福了。所以上辈传下来说：'你求他们出钱来祈神禳鬼，不如设法要他们自动来求你'。"

第一部分第三段也是最重要的一段，意思是说："鬼神是没有的，一切所谓神迹和鬼事，都是人制造出来的。尽管是那些有知识的人，也会被谣传弄到疑惑不定，何况那些迷信鬼神的人呢！所以最懂得舞神弄鬼的'相'（神棍），没有一个不善于运用'媒'（助手，暗中的爪牙），没有'媒'，就不能使人们惊异，没有'媒'，你就什么事情都做不出来。"

第二部分是装神弄鬼的手法，包括画符、念咒、扶乩、祈神禳鬼的仪式，以及怎样运用化学药物来愚弄和恐吓群众，等等。例如，治鬼要拜张天师，求子要拜金花娘娘和送子观音，用黄磷和朱砂画符能在暗中闪光，用白矾写字烧后现出黑字，用黄姜水浸过的"稽钱"放在白醋内变红色，等等，无甚重要，兹不再赘。

关于利用"媒"来行骗，我父亲的师叔"玄机子"张雪庵曾做过一件这样的事。在清朝光绪三十二三年，顺德大良城里有个龙二公子，父兄做官，家财豪富，单是租谷就有十几万石。张雪庵打听清楚，特在大良租得一栋称为"鬼屋"、无人敢住的房子，自己和妻妾分乘大轿，带领婢仆十多人搬了进去。随即挂出"玄机子在此候教"的三尺金漆招牌；并广贴"招军"（即街招），自称"云游四海，结交有缘人士"，标明"口谈气色、流年，收毫洋五元；看全相、批八字，看人定价，从10元以至1000元"。龙二公子本不相信命相，专门寻花问柳，曾来过几个江湖相士，都被他的诗社中人打走了。这次玄机子以阔绰姿态出现，便由龙的门下清客徐某绰号"打斋鹤"的策划：徐伪装大绅士，另外两位贵公子扮他的儿子，龙二公子扮仆人，到玄机子相馆寻开心；预定一言不符，就打碎招牌，驱逐这个阔相士出境。不料玄机子却能道出他们每个人的真相，连龙二公子身上有颗朱砂痣也说了出来，一口气索取了龙的相金1000两。这样就轰动全城，众口齐声称赞玄机子是个活神仙。大良城所有巨绅富商都纷纷登门求教；不到三个月，玄机子便捞了万多两银子，云游别处去了。原来"打斋鹤"就是玄机子的同伙，派在龙二公子那里做"媒"的，那还有什么不一清二楚的吗？玄机子这样做，在江湖上叫作"火档"，是专骗富贵人家的。

关于第三部分行术的经验，有一段极为残酷，也就是他们自供的罪状，约略如下。

广州市东水关濠畔，旧有一座仙童庙，内供和、合二仙童，据说是南极仙翁的徒弟。清光绪初年，此庙已破落不堪。忽有一天早晨，先后来了四队抬着粉亭、供奉香烛、三牲的仪仗队，说他们是"神功会"的道友，十多天前有三个人相继梦见两个分穿红绿、头梳丫角的仙童，告以这日正午升天，要他们来庙前迎接。这样就传开了，闹得东关一带的信男信女纷纷携带香烛前来迎仙。到了中午水退时候，突然在东关濠水面上，逆水漂来两具并在一起的童尸，分着红绿缎衣，黄白绸裤，足踏麻鞋，头挽双丫，宛如画像里和、合二仙一样。神功道友中就有人喊："仙童来了，逆水浮尸，正是仙家妙用。"于是冯姓道首带领众人鸣鼓奏乐，焚香膜拜。跟着冯道首叫把仙童尸身捞上，立即焚化；并叫匠工把骨灰掺入陶土，塑造两具仙童偶像。同时发起募捐，重修仙童庙，冯姓和几个道友自作庙祝，此事轰动了广州全城以及附近的乡村，每天前来膜拜的多至五六千人，庙祝们捞到大笔收入。捐款不久募齐，修成一座宽大华丽的新庙，豪绅富商们还送了匾额和楹联。从此香烟繁盛，奇迹速传，满足了庙祝的欲望。

原来冯道首也是江相派大师爸之一，"仙童招梦"和"逆水浮尸"是他们制造出来的。他们在外地收买了两个十岁左右小乞儿，养了几个月，在升天前两天带到广州来打扮好了，活活淹死在水内，用铁锚和绳子把尸首系着，沉在仙童庙下游不远的地方，上面盖着一只大船。另叫助手在上游停泊两艘小艇，从艇头放下两根篾缆，末端系以重物，不使浮出。宣传仙童升天那日，大船上的人拉开锚绳，浮起尸身，小艇上的人暗将篾缆绞入一拉，尸身便逆流而上了。

由这项记载，他们所谓不害人命只是幌子而已。

阿宝篇

"做阿宝"即借种金种银来骗取财物的骗术，在旧时代被人相信由来已久了。新中国成立前，报刊上也常有这种事件的刊载，但都是受骗者被骗经过的记述，未能揭穿其中的内幕。

"做阿宝"根据"阿宝篇"，"阿宝篇"是"师门"秘术，不轻易传人。一般徒弟，只传授"兜生路"（诱受骗人入彀）的方法，唯有得到"师门"真传的徒弟，才有资格收受全部。

"阿宝篇"也像上述两种"秘本"一样，只用口传，不准笔录，以防泄露秘密。它也大致分为三部分，第一部分是一段200多字的"引言"，第二部分是"兜生路"的方法，第三部分是"术"，但这些"术"不是用抽象的词句来表达，而是用前辈的事例来做具体说明。

"引言"是一段很奇怪的文字，它把受骗者的被骗，归咎于他自己，而认为并非"做阿宝"者的罪过。它这样道："贪者必贫，君子引为大戒，佛门亦以为五戒之首，故'做阿宝'咎不在'相'（骗者）而在'一'（受骗者）。"

跟着，它指示后学门徒道："贪官者，民贼也；奸商者，民蠹也；豪强者，民之虎狼也；其或以知欺愚，恃强凌弱，欺人孤寡，谋人财产，此皆不义之财也。不义之财，理无久享，不报在自身，亦报在儿孙。不义之财，人人皆得而取之。故曰：'做阿宝'者，非'千'（骗）也，顺天之罚而已。"

"阿宝篇"最重要的一节，是"做阿宝"的原则。它说："凡'做阿宝'，博观而约取，慎始更慎终；未算其利，先防其弊；未置'梗媒'，先放'生媒'。故善为'相'者，取之不竭其力，不伤其根，上顺天理，下快人心，并使之有所畏怯而不敢言。不善为'相'者，竭'一'之力，伤'一'之'丙'（生命）；取非不义之财，上逆天理，下招人尤。非吾徒也，小子鸣鼓而攻之可也！"

上两节易懂，这一节非经师父传授，你就无法了解其中的含义和道理。

所谓"博观"，就是要调查清楚"一哥"的底细。第一，要调查清楚他的身份和社交关系，他可不可以作为被骗的对象，事发之后他有没有势力追究，会不会连累行家，等等。第二，要了解清楚他的财产来源是不是"不义之财"，浮财有多少，实业有多少。这一关很重要，因为如果他的财产来源不是"不义之财"，而是"血汗之资"，即用自己劳动博取和节俭而得的话，骗了他，他一定不肯甘心，拼命追究，追究不得，可能弄到他自杀，这样便不会得到社会人士的原宥。如果他的财产来源是些"不义之财"，骗了他，冤枉来冤枉去，他不会想到轻生，甚至不敢对旁人吐露，只能是哑巴吃黄连，有苦说不出。即使给社会人士知道，人家也只会讥笑他恶因结恶果，活该，绝不会同情他。第三，他的至亲好友中，有没有"江相派"师爸和江湖上黑帮头子，有没有给其他的"相"做过"阿宝"。这关也很重要，因为可能在事情进行中败露，自己脱身不得。甚至光棍遇着没皮柴，自己赔了夫人又折兵。即使给你骗到手，也会被追得吐出来。既白费心思，也坏了江湖义气。

所谓"约取"，就是不要过分贪婪，骗得过多，弄到"一哥"活不下去。至于骗取多少呢？最好只骗取他浮财部分，即他本身拥有现金和可能借到那部分，切不可弄到他要卖实业。因为这样有两个坏处：卖实业会伤他的根本，弄到他活不下去；卖实业要经过一段时间，时间长了，事情就容易败露。

所以，凡"做阿宝"，事前要调查清楚，开始时要非常谨慎，同时要考虑到如中途发生变卦时，怎样处理？"做"了"世界"（即骗取到手）之后，又要怎样圆满地收场？最圆满的收场，就是要使对方怕丢面子，怕受法律处分，怕受社会舆论谴责，怕受亲友讥笑等而不泄露出来。即所谓"使之有所畏怯而不敢言"。

传授人还谆谆教训我道："'一哥'就是因为贪心，才上我们的钩。

如果无'相'者贪求无厌,这时'一哥'已被你利诱到堕入迷魂阵中,要竭尽他的财力并不难,只怕旁观者清,他的亲友看见他卖屋卖田,又不是有所经营,一定明察暗究,这样事情无不败露。即使不败露,伤了他的根本,弄到他'瓜'(自杀或癫狂而死),师叔伯们也就不会宽恕你,一定按照规矩把你逐出师门,并且把赃物追出来,那你就无容身之地了!"其实,据我看来,这个规矩并不是怕弄出人命案子,有伤天理,主要是怕事情败露,连累到同行再不能以此来骗人罢了。

什么是"梗媒"? "梗媒"就是引诱、指使"一哥"前来的明"媒",这个"媒"在做了"世界"之后,就要和主骗者一起"散水"(逃遁)的。什么是"生媒"?"生媒"是不露痕迹的暗"媒",专负责办理善后工作,使事情由大化小,由小化无。如果"一哥"要轻生自杀,也是由他负责挽救的。

江相派中人怎样"做阿宝"呢?我想非用实例就无法说明。传授人最推崇李星南,数他的手法最高明,认为他是"前无古人"的大师爸。李星南大概生于清光绪初年,南海人,据我所知,他在1915年至1925年这10年间,做过七八单"生路"(生意),骗到十多万元,个人所得不下十万元。表面上,他还是个正当商人,是一家药材行和一家进出口商行的经理,他在高第路还有一座三层很漂亮的洋房。他的两个儿子——李天禄、李天爵,是从日本留学回来的牙科医师,各有一间设备很齐全的私人医馆。他的女儿嫁给高第街许家(广州有名大户之一)。像这样一个富商,谁也不会怀疑他是个大骗子、江相派的大师爸的。

现在,我就用他的一件骗案,来举例说明"做阿宝"的罪恶活动的经过吧。

香港有一个靠第一次世界大战期间囤积居奇发家的富商死了,遗嘱把他全部生意都交给大儿子,小儿子陈某只分得几千元现款、20000元股票以及价值 30000 元左右的几座洋房。大概那个富商也晓得自己的小儿子是个碌碌无能的人物，所以把这些产业分他，让他靠股息和租金过活。

陈某常常到一些俱乐部去搓搓麻将，赌几手扑克，虽然都是消遣性质，每次赢输不大，但每天消夜、聚餐等总要花费不少。不够一年，那几千元现款就已耗去大半。

在俱乐部里，陈某结识了两个朋友，一个姓朱，是家洋杂店的老板；一个姓胡，据他自己说是某间洋行的高级职员，月薪有 300 多元港币。彼此来往甚密，如是者半年之久。

有一天，朱某突然向他们两人借 1500 元去买"水蚧"（即很便宜的货物），胡某一口答允借出 500 元，陈某也就答允借出 1000 元。个把月后，朱某邀请他们到自己店子密室，说那宗货物已经抛出了，获得不少利润，现在璧还借款。还后并请他们吃饭，顺便往汇丰银行存款，朱一下就存入 20000 元。后来胡某密告陈某说朱某不像做生意，而是另有秘密。两人计议把朱某灌醉，套出他一句话说是"轰天雷"的指点。以后陈某就找到相士轰天雷，先算得一个发横财的命；轰天雷又点香请神，拿出一只神秘的碗，碗内只有一泓清水，让陈某凝神注视，轰天雷一面念咒，一面由红葫芦倒水添入，陈某就突然看见自己的形象，后面有三堆金子和两个看守的恶鬼，但一刹那就又是一泓清水了。这时轰天雷便说必须设法禳解，他的道行不够，只有请出他的师伯才有办法。那师伯却是四海为家的，好容易才到港来，并带有一个年轻漂亮的三姨太。师伯当陈某面要他把 10 块袁大头放进"法坛"，盖上盖子，贴道神符，然后焚香念咒，半个钟头，揭盖一看，满满一罐光洋，数数 100 枚，恰好是原来的十倍。接着就要陈某筹措 300 两黄金做种金。陈某出卖了股票，换成 300 两金条，他们在半山区租赁别墅，安顿师伯夫妻，并准备进行烧炉大法。300两金条放进八卦炉时，师伯还自加60两，说是借陈某的福，算是酬劳，此外不要分文。烧炉要经七天七夜，轮流看守。到了第六夜陈某自己看守时，三姨太送来参汤，陈某一喝神魂颠倒，竟拥着她在炉边行淫。这个当儿，八卦炉破裂，冒出一阵清烟。师伯、轰天雷就推门而入，见状大怒，要把三姨太用柴刀劈死。轰天雷从旁劝阻，师伯用刀劈开八卦炉，里面红亮亮的条子堆满一炉，霎时由红而灰而黑，夹出几条一看，全成泥土，但表面还有几处金色。当然陈某只好赔罪认错，写下悔过书了事。他无精打采地回家，还不敢向人家说。

几个月之后，他才晓得自己被骗，找轰天雷，早已跑掉，找胡某，也不知去向。他问朱某，朱某却说自己确是到过轰天雷那里算过命，但没有别的交道。而且反责备陈某为什么当时不来问问他，又劝陈某说："钱是丢失了，他们也逃遁了，你还是不要泄露吧，何必再招惹他们报复呢。"说得陈某胆战心寒，从此不敢再提这件事了。

那个所谓"师伯"，就是李星南。胡某是"梗媒"，轰天雷、三姨太都是他的助手。朱某是"生媒"，他专负责善后。如果陈某活不下去，他就假仁假义地借三两千元给他，教他不要寻死；如果陈某要报官追究，他就用言语安慰他，恐吓他，打消他这个主意。

至于"照水碗""招银"等这一套，说出来也很简单。那个"水碗"是特制的，碗底是一块凸水晶，陈某和金元宝、鬼魂等形象，都是绘在一张纸上，贴在碗底。碗里水少时，那块凸水晶把光线反射出去，就看不到那些形象，当注水到一定满度，那些形象便显露出来，再注水，那些形象又告消失。"招银"更肤浅，那不过是用偷龙转凤的手法，把另一个同样的坛子调换就是。而这个坛子里早就贮下100枚光洋了。

"八卦炉"更没什么秘密，只要在参汤里放一些安眠药，待陈某睡熟之后，什么事情不可以干呢？炉内的泥条就是在那个时候放进去的，同时并把金条偷出来。至于泥条上面的金色，不过是用金箔贴上去的罢了。其中最重要的一节，就在于那最后的一碗参汤上。这碗参汤内里掺有一种春药，从前香港的西药房都有出售。这种药物最能刺激性欲，令人无法自制。陈某服了，哪有不上钩之理。这样做法，真叫陈某"有所畏怯而不敢言"了。

"做阿宝"的罪恶活动就是如此。据我所知，何立庭、傅吉臣、李星南等人，一生就不晓得干过多少次这种罪恶的事情。我父亲有没有干过，我就不晓得了。但当他晓得那个同门师弟把这些"师门"大法传授给我之后，却谆谆告诫我道："英耀篇还算是身旁之宝，可以学，将来你百事不成时，还可以披起这件破棉衲来糊口。至于'扎飞''做阿宝'这两件事，可以知，却不可以做。我看同门之中，凡做'老唸'（神棍）和'阿宝'的，没有一个有好结果。我靠'英耀篇'享名一生，不唸'老唸'和'阿宝'，不是也可以养妻活儿吗？但我连这本东西也不愿意传人，怕那些徒弟拿来害人。"

仇瞎子易卜星相的骗术

赵　烽

在抗战时期，大凡到过衡阳、桂林、重庆、成都、昆明、贵阳等地的人，也许还记得在这些城市一些大的旅馆门前，有时悬挂着一块大玻璃镜框，上面是一张盲人的照片，下面是用隶书写的一张介绍信：现代哲学家仇庆云先生（外号仇瞎子）云游四海，足迹踏遍全国，用哲学为基础，结合科学论断，易卜人生凶吉祸福，仇先生广结军政各界人士，有丰富的社会经验和渊博的哲学知识。再下面写的是"来人不用开口，能知宦海浮沉，能知富贵贫贱，能知凶吉祸福，能知父母存亡，能知兄弟几位"等。最后署名的介绍人，都是军政界的头面人物，有国民党第一战区副司令长官宋哲元和四川省主席杨森、云南省主席龙云等，还有地方军阀如川系的邓锡侯，以及军统特务骨干杨继荣等。在这一块镜框的左边又挂着一块较小的镜框，里面是仇瞎子参卜的蒋介石的八字，开头是一些令人肉麻的吹捧："领袖蒋公名中正，是居中端正之义，号志清（应为曾用名——编者注），是志在澄清中华……生在辰寅时，为龙虎相逢，老大才高，是与常人不同之命。"仇瞎子为了表示他的刚正不

175

阿、直言不讳，也说几句不关痛痒的话，他说：蒋公虽然执掌江山社稷，一生当中，也会遭到很大的坎坷，不会十分顺利……

仇瞎子每到一地，就在他寄寓的旅馆门前悬挂出这两块招牌，其目的不外是吹嘘自己，表明他的来头不小，有权贵撑腰，使地头蛇不敢来惊扰他；其次就是告知中、下层军政人员，你们主子的命我都算过，和我都有往来并且不少人为我做了介绍。这是仇瞎子亲口对我说的。

仇瞎子靠易卜星相来行骗，是一个有代表性的人物，他每到一地住的都是大旅馆，应酬的都是一些头面人物和名媛、交际花之流，除了哄、讹、骗、诈以外，他的骗术是多样的。他看相是以摸骨为主，其次是算命、测字、相命合参、查流年运气等，巧立名目，五花八门。他在旅社里总是要住一个套房，在旅社账房附近摆上一张桌子，是临时的挂号处，号金每位五角。他带有一个秘书和一个佣人，秘书叫高文明，是一个典型的斯文流氓，能说一些青洪帮的黑话，有副好长相和旧社会吃得开的一套"交际手腕"。

仇瞎子摸骨谈相的房内，桌子的一面，总是靠着套房的墙壁，由他的秘书高文明挖一个小孔。挂号时来人的姓名、年岁、籍贯、职业等已经登记，在顾客持号牌（用瓦楞硬纸板做的）前往谈相的空隙，已经由挂号处的佣人传递到套房内的高文明手中。仇庆云在摸骨说相的时候，故意高谈阔论，拖延时间，此时高文明已经摘要记在纸上，由小孔递向仇的抽屉内。等到说相完毕，仇瞎子故弄玄虚，将抽屉拉开，取出高文明写好的小纸片，上面你的姓名、职业和有关情况都已经写好，再与所说内容相印证，使你看了心悦诚服。顾客哪知道这是根据登记资料刚刚写出的东西，所以就相信仇瞎子是活神仙了。

如果来人是算命，或者是相命合参，他就把八字天干地支一排，然后问对方的年岁和职业。军政界的人，问的多是升官发财问题，青年人

抗战时期日机轰炸后的街头一角

多半是问恋爱问题，中年妇女关心的是自己的儿女在外的平安和祸福，或者是缺乏子嗣。他按照对方的答话来套取自己所需要的话柄，如某青年在谈恋爱中，忽遭女方抛弃，在谈话过程中，仇已了解到女方的需要——精神安慰或是金钱物质。如果是前者他就叫你多献殷勤，如是后者，就命你多以金钱物质来追逐。实际上这不过是一个社会经验问题，但经仇瞎子摇卦易卜，却变得非常神秘。在和测字算命顾客的谈话中，仇瞎子用的大都是双关语，举例来说，别人要问父母存亡的问题，他即拿出一个事先写好的纸条，上面写的字反扣在桌面上不给你看，再问你父在或母在，你说父在，他把纸条仰起来给你看，上面写着："父在母先走。"他的解释是：你的父亲在世，母亲已先死。如果你说母亲在，他的解释是，父在你母亲之前死去。

在算命时，如果碰到所谓的头面人物，仇瞎子知道这是一个财源，他就提出要你来一个"相命合参",可看前途如何、个人发展荣枯,把你的年庚、生日报与他,三天后再去取回他为你排好的八字。排八字大半是他口述,秘书编写。八字上面,说的也是些虚无缥缈的空话。例如国民党第五军副军长邱清泉曾让仇瞎子算过命。仇在给他摸骨谈相的过程中,已发觉邱的脾气急躁、粗暴,对于邱的八字是这样批的:乾造,生于丁酉……为雨露之水,能掌万物之灵,降生9月,有气元神,半生遭遇,坎坷不平……28岁流年遇火、天成佳偶,29岁喜见丁财,30岁名成利达……半生戎马生活,官居将军职位,勇气十足,谋略较差,性憨直,易被小人利用……可遇险为夷,为当朝嫡裔,能实现宏图,惜乎!重重此劫,为致命硬刑险又惊!

开头几句,是漫无边际空洞的恭维话,28岁至30岁的经过是仇在给邱摸相时,邱无意中告诉了仇瞎子,不过仇将结婚、生子以及当团长,在文字上进行了加工。结婚说成是天成佳偶,生子说成是喜见丁财,当团长说成是名成利达。脾气暴躁的人,当然是勇气十足、谋略较差。与邱不合的人,当然在邱的眼中,就视为小人,恭维邱为蒋的嫡系,能升官。邱时已是副军长,再往上爬,当时是比较困难的,他就用虚词,来一个"惜乎!重重此劫,为致命硬刑险又惊",实质是连篇鬼话,毫无根据。

在抗战时期,由京、沪、平、津等地逃难的人,以及官僚都集中在大后方,这些人除了吃、喝、玩、乐以外,就要来一个求神、问卜的消遣,仇瞎子正好应运而生,因此门庭若市。他为了露一手,终于找到了两个供他大露锋芒的对象。

第一个是唱京戏青衣的李雅琴,她当时是国民党军委会桂林办公厅政治部宣传队的上校队长。有一天李雅琴来到环湖酒店请仇瞎子摸相。"你是什么时辰生的?"仇瞎子睁着两个空洞洞的眸子问。

"在亥时。"李雅琴回答。仇瞎子点点头说道："亥属猪。小姐，我摸相是照直讲，你一生虽然过的是豪华富贵的日子，可是你在人格上是不能自主的，除了给别人玩弄以外，没有什么可取之处。你的腭骨不平，命中属于下贱之人。我除了摸骨相金不要外，号金也如数退还。"说毕，一声送客，使李雅琴极为难堪。

第二个是桂林当时很有名的交际花紫罗兰（永安堂老板胡文虎的儿子胡好的姘妇）来摸骨谈相，也遭到了和李雅琴同样的打发。

仇瞎子是不是真有这般灵验呢？完全不是，我在前面已叙述，仇瞎子的挂号牌是用瓦楞纸做的，瓦楞纸面上有凸出的纹路，如果遇着衣饰华贵，而派头、风度、表情像是戏子、娼妓、交际花这一流的人物，挂号的用人就选瓦楞纸片上有六条凸出粗纹的纸片，并临时填号，书写墨汁是含有胶质的一种。这两种暗号，经仇瞎子一摸，心中自然明了。而且仇瞎子每到一地，关于这些人的身份和社会活动情况已经摸了底。为了摸底他自有一套办法。仇瞎子到桂林，当时就叫我每天送去几份报纸（《大公报》《广西日报》《自由晚报》），送了几天报，仇瞎子的秘书高文明就请我吃糖果点心，并且叫我没事可到他们那里去玩，这样就初步地建立了感情。继而问我，在桂林有哪些文化人、著名演员、名妓、交际花，关于他们的艳事，虽是道听途说，但总不是毫无根据的。关于桂林社会上一切黑帮的组织情况，我叫高文明与桂林黑社会的头目汪正豪联系，汪公开的身份是桂林华侨银行的经理，又是风社"票房"的领导。在昆明，龙三公子领导的滇社，性质和桂林的风社一样。我就是这样与仇瞎子通风报信的，所以后来他们的活动也不避讳我。李雅琴和紫罗兰都被仇庆云奚落一番，因此仇的大名更为轰动，生意更为兴旺。李雅琴和紫罗兰当然不会甘心，她们搬出桂林警察局白桂分局局长谢凤年，发出了"拘票"，要抓仇瞎子，帽子是"招摇撞骗、危害治安"。

当警察正在旅馆拉拉扯扯之时，谢凤年的顶头上司——桂林警察局局长马启帮（白崇禧的小舅子）派来一个巡官和两名警察，向白桂分局的警察说："你们回去，此案由总局来处理。"结果仇调换一个码头，没损一根毫毛。

仇瞎子是以摸骨谈相为主来行骗的，我每次送报至他的房中（有时也为好奇心所驱使，专门去看算卦），经常看见所谓的上层分子对仇瞎子总是满怀希望，盼望在仇瞎子的口中能够知道未来应走的方向，因而甘心情愿给一个瞎子耍弄，与我平时所见那种威风凛凛的形象完全是两样。有一次我直接提出这个问题问仇瞎子，仇瞎子严肃地说："不管他们怎样装腔作势，社会现实有力地反映了他们在各方面的卑劣与无能，这一点我是看得很透彻的……我天天应付这些家伙摸骨谈相、算命、测字，不过是江湖上一个形式和手段。"最后，他又说了"九流"之中包括哪些人物，我记得"九流"的歌诀是这样的：一流主子二流医，三流地理四流推，五流丹青六流相，七僧八道九琴棋。

这样蒋介石也名正言顺地包括在"九流"之内了。1944 年日军进攻湘、桂、黔，蒋军不战而退，这年冬天我到了贵阳，在贵阳中华北路黔灵旅馆的门前又看到前面讲过的两块招牌，此时仇庆云的摸骨生意更是利市百倍，因为各省逃到贵阳的难民，沿途已经饱尝艰苦再无力前进，脸上都带着忧愁的色彩，希望从仇瞎子的口中，得到一个好的征兆。

在谈相室，我看见一个 50 余岁的老太婆，对仇庆云说："仇先生，我是在河池与我的儿子冲散的，昨夜梦中见我将梨子劈开，同我的儿子一人吃一半，这大概是凶多吉少了。"说时，老太婆的前额冒冷汗。原来仇瞎子是在为这个老妇人圆梦。在老太婆介绍梦中情况的时候，仇瞎子一面倾听，一面侧问她的主愿，这就是仇瞎子平常对我说的摸骨谈相的法则——问、闻、嗅、触。

仇瞎子说:"以梦中的情况来分析是不大好的,简单地说:这是母子分梨(梨与离同音)。但是,不祥之兆的反面,还有一种好的解释,因为梨是有籽的,如果你将梨劈开见到籽,可以说是'辟梨见籽(子)'。凡事要从好的方面想,我看令郎不久会来到贵阳同你相会的。"实际上,仇瞎子已经打下了埋伏:老太婆的儿子来贵阳,是辟梨见子;不来贵阳,那就是母子分梨(离)。

仇瞎子谈相、算命,总是先来一个摸手相,在你的手掌和手指上一摸,他胸中就有一个八成。那些官僚、政客们皮肉当然又嫩又光滑,十指尖尖、手掌柔软。劳动人民大半是皮肤粗糙、手指肥壮。如果是手工业工人,手掌上还有很厚的茧,一摸之后你是干文的或者是干武的,当然会知道,这也是谈相、算命的一门诀窍;另外,人在如意或失意的时候,身体各方面也有不同程度的异样,这些都为仇瞎子行骗提供了素材。

仇瞎子还有一个诀窍,如果对方理性强,他就引经据典大谈星、相的来历,引出春秋战国的"五德终始"学说(五德即五行金、木、水、火、土之谓)说明相生相克的作用。其次,仇瞎子也谈周易,这是我国古代占卜用的一本书,包含着辩证法的思想。在他对杨森的批命中曾说,杨家是钟鸣鼎食,奴仆成群,上者为尊,下者为卑。这样就巩固了杨家的黑暗统治,奴仆也就只好自认命苦了。杨森甚以为然,所以就为仇瞎子做了领衔的介绍人。

闯关走私记

宋子昂

　　抗日战争时期，中国共产党领导中国人民进行着艰苦的持久战争；地处西南的国民党政府则消极抗日，积极反共，妄想保存实力，伺机消灭人民武装力量。当时在蒋政权统治下的所谓大后方，卖官鬻爵，贿赂公行，贪官污吏与奸商互相勾结，沆瀣一气，囤积居奇，哄抬物价，趁民族危机大发国难财。在蒋管区，社会风气之败坏本不难想象，但乌烟瘴气、千态万状一时焉能说得尽许多。我只把本人的一些经历加以叙述，大家便能对当时的社会风气洞窥一斑。

　　那时从沦陷区通过敌伪封锁线偷运货物到内地，是发财的捷径之一。如设在屯溪、界首等地的关卡，是尽人皆知的肥缺，蒋介石派其嫡系心腹顾祝同和汤恩伯分别把守，而军统特务和伪财政部等亦皆视为利薮，也派了大批爪牙参与走私，朋比分赃。他们明目张胆地与日伪勾结，垄断了全部重要物资的走私，同时为敷衍各方，亦网开一面，分些余利甜甜大家的嘴。因此在这些地区，辐辏纵横，商贾云集，出入战区去闯封锁线的人络绎不绝，我也曾是其中之一。

抗日战争时，我在西安，既搞过交通运输，也做过商业贸易，又办过大小工厂，三百六十行，只要哪一行可以发财，我就往哪一行里钻。当看到他人闯封锁线走私致富，焉有不眼红、心动、手痒之理，只因这行出生入死，风险太大，在没有几分把握之前，还不敢贸然下海而已。到1943年秋，我认为条件成熟，首先是在汇兑方面有了些把握。当时汪伪为抬高储备票身价，规定每1元储备票折合法币2元，如果以法币在西安托行号汇到上海，先已打了个对折；何况世风日下，钞票交给行号，等于吊桶落在他人井里，也是令人不放心；而出入敌伪封锁线，又绝不能携带大量法币……为此踌躇颇久。忽然"福至心灵"，利用沦陷区商人不相信伪钞而迷信美金的心理，我就在西安市上搜购了几万元大额票面的美金同盟胜利储蓄券（一种由重庆中国银行签发的，指定到期由纽约中国银行照数承兑美金的类似汇票的凭单，纸张极薄，尺寸很小，极便于夹带，当时后方人民不相信到期会兑现，我是按牌价20元法币折合美金1元的兑率收进的），并且策划好到上海后出手的理想对象，估计不但可避免汇兑的对折损失，而且可能有翻几番的赚头。后来事实也是如此，到上海后，我是以45元储备票折合1美元的善价，全部出手给了一个叫王皋升的，从中赚了一笔。至于他是否在纽约兑到美金，我则不负责了。

在当时最重要的，是如何把货物从沦陷区通过敌伪封锁线偷运出境。社会上走私本领最大、神通最广、无孔不入的，要算鸦片烟贩子了。我那时恰恰得悉旧友陈筱棠（潮州人，祖孙三代都开烟行）正在敌伪鸦片大王盛老三（盛幼庵）手下，专任接运中原一带烟土经过蚌埠运销各地。蚌埠是界首东路的吞吐咽喉，看来凭着以往与之嫖赌的旧交情，托其帮忙偷运货物出境，亦不致全无把握的。就这样，我选择了界首这一条通道来闯敌伪封锁线。

为了发财，只能冒险，必须由我亲自与对方接洽，方能见效，这是无法找人代替的。

1943 年 9 月末的一天，我随身只带几张大额美金储蓄券，拎了一只小皮箱，从西安搭上陇海铁路的蓝钢皮客车，轻装东行。当夜车抵潼关以西，在前不靠村、后不着站的地方忽然停了车，全部旅客都被赶下客车，换乘铁闷子车继续前驶。原来黄河对岸的风陵渡已被日军占领，这一段铁路沿线全在其炮火射程以内，为了保住那几辆仅存的蓝钢皮漂亮客车，因之从潼关到阌乡那一段改用铁闷子车行驶。万一被炮火命中，最多也不过损失几节破烂的铁闷子车，至于旅客的生命安全，那就只有靠老天爷保佑了。为了避免暴露目标，旅客被赶下客车，再徒步赶一段崎岖不平的坡道，爬上铁闷子车，这些行动全是在黑暗中进行的。铁闷子车开出以后，整列车上也全无一点火光，连火车头也不例外，预先烧足蒸汽，关了炉门，闷着声音，向东疾驶，叫作"开闷车"。这一段，当时人们呼为"闯关"。这个"关"字，确是一语双关，因为每次列车经过，日军总要开上几炮，所以虽曰闯的是潼关之"关"，而在人们心目中，实际是在闯鬼门关之"关"，侥幸平安闯了过去，算是闯出了鬼门关；不幸一炮命中，那不用讲，是闯进了鬼门关了。那夜在黑暗中爬上铁闷子车的一刹那间，我第一次感觉到死神在自己头上摇晃，但是发财的诱惑力毕竟更大，终于硬着头皮爬上了铁闷子车，试着去闯鬼门关。

侥天之幸，那夜居然一炮未中，我安然闯过了第一关。次日到达当时陇海铁路东段终点站的洛阳，换乘汽车。所谓汽车，是高高堆满了货物的运输货车，旅客皆得盘膝高踞货顶，前后左右，挤足了人，几小时坐下来，双腿麻木，以致自己都不知道自己的腿盘在哪里了。第一晚宿叶县，次日经舞阳到达界首。

界首离敌伪前线已近，"入国问禁"，知道必须准备几张相片。赶忙照相之时，又得知敌伪对美金之类的夹带，查缉特严，如被宪兵查获，大有性命之忧，为此我曾试了好几种夹带的办法。最后，买了几种香皂，把美金储蓄券卷成一小团放入，简直天衣无缝。

界首既是从沦陷区运进货物的第一道关口，就有必要预为部署，首先我即寻找驻在当地的军统特务头子王兆槐。王在西安与我曾有卜昼卜夜狂赌的交情，可预行拉拢，免得货到地头百般留难，但王当时恰好外出去接运一大批由敌伪区运来的布匹，不得已而求其次，乃找到驻在当地的东北军骑二军何柱国部负责通信的蔡振海。蔡在西安曾向我们采办过大批通信交通器材，并从中获得过大量回扣。他与我既有以往这一段交情，又可坐地分赃，在我身上附带发一笔小小的走私财，于是便一口应承帮忙，并出面拉拢些头面人物为我请了次客。席次彼此相互结托，一场小型的官商勾结于焉告成。

部署已毕，我取了照片，带了"香皂"，雇了架子车（是一种在人力车上架上一副车板，既可装货又可睡人的人力运输车辆），天色微明即上路向亳县出发。走了一天，逐渐进入"匪即是兵，兵即是匪"的三不管地带，一路早行早歇，侥幸未遇一匪一兵，终于第三天傍晚到达亳县。在亳县城关第一次见到伪和平军士兵，当我徒步入城之际，他们虽然明知我来自蒋管区，但既未盘问亦未检查就放我进入县城。在这三天中，路上丝毫没有感到有前线的紧张气氛，也看不到所谓封锁线究竟在什么地方，不知不觉地从蒋管区转入了敌伪区。就这样，我又安然闯过了第二关。

在旅店中将照片交给店主东，托其设法弄一张身份证明。待拿回一看，乃是一张山东临朐具的"良民证"。临朐具在哪里？在我头脑里不仅连影子都没有，就是那个"朐"字该怎样读法我也不知道。可是就从这时起，我在沦陷区里当了几个月的临朐县"良民"。次日凭了"良民证"，果然毫无麻烦地上了汽车，于当天到达商丘。在商丘，根据所带的介绍信，我在一家行栈中找到了伪军张岚峰的参议白某。白正在烟榻上吞云吐雾，一见介绍信，立即对我殷勤接待，并于次晨由其穿着了全副戎装将我送上火车（陇海铁路在沦陷区内的一段）。之后，他给了我一张清单，托我在上海"代带"大批东西，并表示我若回程有货，可保险提货送到界首。我于当天即到达徐州，再转车南下。在徐州碰到了一次麻烦，因此回程我避开了徐州而走蚌埠，但为留有后步，并且酬答介绍人的"美意"，白某要的那批东西还是托人照单送给了他。

提起那封介绍信，自有它的来龙去脉。原来我在西安时为了投机，虽不够资格与当地一些上层官僚交往，但通过业务上的方便对中下级的人物，都尽力拉拢。"吃喝嫖赌"，他们爱哪一门儿，我即投其所好，竭力奉陪。胡宗南内部有个孝丰帮的小集团，他们嗜赌成癖，我和这一帮人混得相当熟悉。所谓孝丰帮，是指胡宗南的小同乡。胡是浙江孝丰人，其发迹以后引用同乡不遗余力，各军、师及重要部门均安插有孝丰同乡。特别是王微，极受胡宗南器重，被委为机要处长，控制各军、师的无线电通信密码，训练部队的无线电收发报员，为胡的重要幕僚之一。我在商丘交给伪军参议白某的那封介绍信，就是王微给的，足证当时不论是重庆国民党中枢还是边陲防军，没有一个不是和敌伪在暗中勾勾搭搭的。

言归正传。当我到了徐州，未出站门即被敌伪稽查注意，他们翻箱抄身，连箱底衣缝都一一细检，就是没有对那块皂盒中的"香皂"正眼看上一看。我看那稽查对美制永备牌笔式小电筒特别注意，便找寻机会悄悄对他说："如果你喜欢，送了你吧。如果你还要什么，我从上海回来时再给你带。"并问他贵姓。那个稽查说他姓李，一笑收纳。我如逢大赦，心里恨不得一溜烟儿跑出站门，而脚底下却故作稳重。这才闯过了第三关，好险！虽然从徐州转车南下，在浦口、南京、上海都曾被查过，但都没有人对那块"香皂"产生任何怀疑。我就这样安然到达上海。

一到上海，我即将"香皂"里的美金储蓄券以高价变换成伪储备票，然后马上在市上抢购了西药、颜料、汽车零件、电讯器材等一大批后方吃香的物资，同时找陈筱棠设法把这些东西偷运出境。陈介绍了杨青峰为我办理此事。杨青峰年三十余，风度翩翩，但面貌身段颇类日本人。其自称原籍台湾，可说得一口流利的北方话，与我一见如故，一口答应亲自保我人货平安出境。

在上海陪他尽情玩了两星期后，杨青峰嘱我到十六浦购进大批臭咸鱼，连同所有西药等商品，分别以一式的篾篓盛装，由火车运到蚌埠，所有托运、提货手续，全由其一手包办，一切顺利。抵蚌埠那一日天还未亮，找人将篾篓满满地装足了几十辆架子车，鱼腥四溢，如入鲍鱼之肆，由杨青峰亲自伴送，从蚌埠投奔怀远。顷刻怀远县城在望，但淮河横隔，河面只有两只渡船，连人带车逐一慢慢渡河，令人好不心焦。且日军水上汽艇不断在河面往来游弋，每次汽艇"突、突、突"地驶过，我心头也"突、突、突"地跳个不休。所幸游弋归游弋，摆渡管摆渡，各不相扰，一顿饭工夫，我们已全部过河，横穿怀远城，循公路前进。在郊外一个山嘴口上，日兵筑有堡垒岗哨，且有铁丝网门拦住，杨乃不慌不忙，上前叽咕了几句，出示了一张不知什么东西，只见网门大开，几十辆车子即扬长出关。杨说这是最后关口，命我抓紧上路，赶今晚到达河溜，并握手道别，祝我平安。

我以为已经安然闯过第四关矣。岂知出关不久，正在赶路，杨青峰却坐了人力车追赶而来，连呼"糟糕"。原来日军队长带领士兵出外巡逻，回来必然和我们碰上，他怕我对付不了，特地赶来，再送我一程。我一听软了半截，眼看已闯出虎口，岂知平地又起风波，暗想事到临头，性命要紧，货物随它吧。因此让杨和车队远行在前，我却故意掉在后面，缓缓跟行，以防万一。不久，果见一队日兵迎面而来，只见杨与日军官喁语几句，再出示那张什么"法宝"，于是车队在左照常前进，日军在右整队归营，仍是不相犯地各走各路。杨青峰返回头来，再度和我握别，并命我快快赶上车队，免生意外。这时我离车队已远，赶得上气不接下气，才追上车队。在演过这一段落水要命、上岸要钱的活剧之后，我这才闯过了意外发生的第五关。

当晚赶到河溜。河溜是处于三不管地带的一个小集镇，从河溜西行，沿途景况与界首到亳县那一段大致相同，三天后人货安抵界首，连臭咸鱼都未曾少掉一尾。我当即抽出了一箱颜料及若干通信器材，应酬了蔡振海等地头蛇，以昭信用，并示"互利"。然后将货物交侄辈押送回陕，自己折回蚌埠，又连续走了两回，这才倦飞思归，回到西安。大致一算，通过几次闯关走私，在短短四个月内，实足弄到了五六十倍利润。在我回陕后不久，日军大举进犯中原，汤恩伯数十万军队在一夜之间即把中原大片国土拱手送光。跟在我后面还在继续闯关走私的人，有的货物全军覆没，像同学张光宁带了几十部电影片，全部丢光烧光，狼狈回沪；有的连性命送掉，像徐迪为其兄徐士浩押运大批酸性颜料，在王寨人货两失，尸骨无着。走私是发财捷径，尽管风险奇大，有生命之虞，而人们却仍把它视作乐园，前赴后继地乐此不疲。记得有位革命导师讲过，当利润达到300%的时候，为了追求利润，剥削阶级连性命都不要了，这不正是我们这些人的写照吗！

我这种走私，较之一般跑单帮似乎要大些，可是同官僚买办、军阀们走私相比，则不啻小巫见大巫了。他们不仅垄断了所有重要运输路线上的走私，而且有大批爪牙为之卖命，自己却坐享其成。在那种只认钞票不认道德品格的社会里，除了正直和进步的人们之外，像我这样的人，怎能不眼红，怎能不想由小变大呢？旧社会我们追求的是"五子登科"，信笔写来，也认识到当年社会风气之败坏，又是与我这样的兴风作浪的人分不开的。一个没落的社会，自有其没落的社会风气。虽然我很想通过自己阴暗面的暴露，来说明当时社会的黑暗，但为水平所限，拉杂写来，往往词不达意，幸读者加以指正。

川江烟毒走私见闻

——

陈锦帆

1929 年至 1938 年，我在川江航务管理处工作，这是四川军阀刘湘防区内的一个水上缉私机关。十年中，我先后任过总务保安科长、万县分处处长、宜昌办事处主任，还兼任过二十一军万县水陆检查处处长等职，亲身经历过许多烟毒走私案件，检查过许多外国兵舰和中外轮、木船。当时走私伎俩非常狡黠，走私人员的身份极端复杂，群魔乱舞，魑魅横行，彻底暴露出旧社会的阴暗。

当年，四川军阀刘湘防区内的一段川江水上烟毒走私，主要是通过重庆、万县、宜昌几个码头。所谓走私，包括两个含义，一是偷漏税款，一是秘密贩运毒品。前者是指贩运鸦片烟土，后者是指高根、海洛因、吗啡，亦即一般人所称的白面、红丸、曹达、梭梭等。

四川本来是产鸦片烟的地区，四川人受其毒害已有多年。到 1935 年蒋介石控制了四川，中央军政大员把上海流氓头子顾家棠、杨阿毛带进夔门，从此吸毒、制毒之风炽盛于巴蜀之地。从前四川的制毒运毒，也与上海流氓大亨黄金荣、杜月笙等有密切关系。他们为四川这些恶势

190

力提供了制毒的药料、技术和机械，开辟了烟毒的销售场所。他们还以流氓手段勾结蒋氏官员，凭借其军政大权得到庇护，明目张胆地干这种害人的勾当。

在四川，许多军阀是靠鸦片烟起家的。能种烟的地方就抽亩捐、窝捐，甚至不愿种烟的人还要缴"懒捐"；能运销的地方就抽过道税、护商税、乐捐、印花税、公栈费等；不种不运的地方（如城镇）就设官膏店，收红灯捐、牌照税、瘾民捐、戒烟费、调验费，还有种种罚款。最恶毒的是使瘾民不敢申请戒烟，因为戒烟要在官府所设的戒烟所去戒，明定的戒烟费超过两个月吸食烟膏的一切费用，暗中花费的更比明的多几倍；戒了后还要随时调验，收调验费，一验出瘾未戒绝，即要补缴瘾民捐，重新登上瘾民册，还要处以戒而再犯的罚金。所以，一般人一登黑籍，即永无脱离苦海之日，一任统治者敲诈剥削，至死方休。但那些豪门巨族、显宦达官、土豪劣绅、地痞流氓，则肆行种、吸、售、运，不但不受制裁，反而获取暴利。我的家乡是绵竹，曾先后成为刘斌、杨森、田颂尧的防区，亲见不少乡人受这样的祸害，呼吁无门，真令人不禁有"长夜难明，人间何世"之感！

刘湘防区最初是由重庆到下川东一带，后来也包括叙府、泸州。他把守住重庆、万县两大水口，还一度扼住过宜昌的总口子，不但本省其他军阀的"川土"要经过渝、万水道运销省外，就是云南、贵州出产的"滇土""黔土"，也要经重庆、万县才能转运出口。所以，他的防区内鸦片烟税收得最多的第一要数渝、万两埠的运销过道税，而缉私也当然以查缉渝、万两埠的偷漏为主体。刘湘在万县设有川东禁烟查缉总处，专管烟土收税缉私，实际是挂羊头卖狗肉，名为禁烟实是征税，还美其名曰"寓禁于征"。

我所在的川江航务管理处，成立于 1929 年 7 月 6 日。初设办公处于重庆千厮门顺城街，为了要维持川江治安，不能没有武装实力，更需要武装检查一切水上交通工具，于是查缉走私就成为航务处的一项重要任务。刘湘曾明令规定："航务处是川江唯一航政机关，并代行江防司令部、水上警察所职权，对税捐局查缉货物走私、禁烟处查缉烟毒走私，有以武力协助之义务。"

禁烟制毒，都是为钱

刘湘曾是北洋政府任命的四川善后督办，易帜后改任国民革命军第二十一军军长，但并没有正式取消督办名义。1928 年至 1932 年，刘湘正忙着扩充部队，且有事于上川东及川南，与刘文辉火并。当时其最大的饷源，靠渝、万两地的鸦片烟税，因与滇、黔修好，云南、贵州烟土乃大量经由渝、万转输出境。

刘湘鉴于对待吗啡等毒物的制造和贩运，不能像鸦片烟那样"寓禁于征"，就课以重税，准其售吸；但又不愿任其泛滥，影响财政，因为若大部分烟土转为制毒原料，将减少烟税收入。于是刘湘下令禁毒，颁布了查获毒品及制毒药料给奖条例，但目的不在禁烟，只是为了多收税钱。尽管颁布了这些条令，但大利所在，仍使许多人眼红。如二十一军第七师师长蓝文彬、旅长穆瀛州，以及地方恶霸团阀申文英、李盈庭等，都在重庆设有制毒工厂；在万县受招安之河南巨匪崔二旦、王泰，分别任二十一军第一、第二路警卫司令，兵营内设有吗啡作坊，以武装保护，公然批发零售。刘湘明知，也无可奈何。

精制吗啡所需药品大都为日本货，需在上海购买，粗制的吗啡坯子也有部分要运出省外加工，所以经常在轮船上查获吗啡坯子和制造吗啡的药水（名叫"无水"，即"无水醋酸"的简称）和其他毒物。这些东西送到司令部后，有的物主居然托人向刘湘说情，要求发还；有的则公然说他蚀不起这样大的本钱，督办若没收了他的东西，部队就要饿饭；还有一些将领更大言不惭地向刘湘表态："督办收烟税为的是扩充部队，搞好'家务'，大家才有饭吃。我们造吗啡，也是为了整顿部队，增加军实，好为督办效力。"

刘湘见制毒的情势有所发展，顾虑重重，害怕舆论谴责，更担心禁烟税收将逐渐减少，而这些部下又太不体谅他。他很气愤，又无可奈何，只得假惺惺地电令渝、万各检察机关：凡查获毒物及制毒药品，不必再解送军部，可在查获时就地倾入江中。我们也就只好照他的规定执行，记得有一次在一艘轮船舱面上查获了 12 大桶"无水"，还有一次查获了 2000 多两吗啡坯子，都是按照指示把它处理了。制毒的老板们虽然明知刘湘耍的是鬼把戏，但毕竟不敢正面冲突，只得另想办法，由上海大流氓头子介绍打通上海海关人员，把毒品或制毒药料换成其他西药包装牌号，正式报关，装进轮船货舱。货舱的货是海关负责的，不到达目的地，任何机关都不能开舱查货。这样做是给刘湘一个面子，又挟着洋奴、买办更大的恶势力给刘湘一个白眼。

军队偷运，谁敢言罚

对于那些有枪杆子的大小军人运烟运毒，就根本不管有什么上级的章程和禁令了。1930 年，刘湘派大部队填防鄂西，在宜昌成立所谓长江上游"剿匪"总指挥部，派袁彬为参谋长，代行总指挥职权，并派周见三为参赞、周荃叔为顾问，借资匡助。我亦奉航务处令，到宜昌兼代宜昌航务办事处主任。

有一天深夜，我正要就寝，突然陈兰亭师驻宜办事处处长范之齐来找我，告知今天傍晚有一团川军乘轮到宜，其中有一只驳船被河下检查人员在子弹箱内查获私土，扣留在航务处办公船旁。他问我知不知道此事，打算怎样处理。原来是卸子弹箱时，忽然捆绑的绳子断了，有两口箱子滚出了烟土。检查人员方欲再打开其他箱子检查，一个军官提着手枪飞奔过来，吼叫道："谁敢抢我的子弹，我就先打死谁！"经航务处人员调解，把驳船停靠在航务处办公船旁，船货不许移动，各向上级请示处理，部队留了几个武装兵在驳船上看守，航务处亦派了一个兵站在船头。

第二天我向袁代总指挥报告了，他默不作声。我说："是不是给范处长留点面子，先把查获的这两箱川土送到指挥部来，其余免查，叫他自己补完川税了事。"他说："两湖特税处贺处长晓不晓得这回事？他怎样说？是否把全案送交他们处理？"我说："他说尚未在宜昌出售转口，不能认为是漏了两湖特税，是漏的川税，他无权过问。"谈话间，忽然航务办公船来电话说，刚才来个少校军官，称奉师长的命令，把烟土和子弹搬到师司令部去，师长亲自处理。那个少校带来一连武装士兵，用四挺机枪对着办公趸船，已把驳船上的全部子弹箱都搬运上岸了。袁代总指挥听说子弹烟土都已搬走，人也走了，才喃喃地说了一句："人不要脸，鬼都害怕！"我也就回答办公船说："你们应付得很好，我已转报袁代总指挥了。"对此类结局，我已领教过了。

1929 年 7 月间，川江航务管理处刚成立不久。某天下午，重庆市政府秘书长石体元约我到市政府去，他对我说："有件事要请帮忙。二十一军部郭文钦参谋长、王缵绪师长同潘文华市长合办了一批烟土，想不上税就运出省外换购军火，今晚就要装上'蜀亨'轮，请你转达卢作孚、何北衡两处长，通知派守'蜀亨'轮船的航务处官员不要找麻烦。"我立即报告卢作孚、何北衡两处长，卢作孚说："遇到这种事，不能不通权达变。航务处在重庆的管辖区域是上至珊瑚坝，下至唐家沱，与海关一样，只要不在我们管区内出问题，我们就可以不负责任。"我把这个意见转告石体元，石边听边点头表示满意。

洋船招牌，秘藏烟毒

1929 年冬季，重庆川江航务管理处得到美商捷江轮船公司买办童季达密报："其春"轮已装上大批烟土，即将起航下驶。我们立即开会研究检查办法，商量如何着手为宜。此前，航务处凭借军阀权势，以不服从检查就不提装、不上下货的办法施加压力，与各国驻渝领事、各外国轮船公司大班有约；外国轮船必须接受中方武装兵检查，可以在外国轮船上逮捕违法走私的中国海员。"其春"轮是美国商船，船主、大车都是美国人，并有六名美国海军随轮保护，该轮既已装上大批烟毒，必有密藏烟毒的方法。会议认为在检查时一定要谨慎机警，以免发生事故，并派总务科长何静源、保安科长陈锦帆前去督率守轮员兵检查，相机处理。

陈、何奉令后带了一班手枪兵乘坐汽划前往。陈、何将手枪兵留在汽划上，仅带徒手检察兵两名上"其春"，由船上买办徐焱南陪同，将楼上、楼下、客舱、水手舱、货舱舱面、洋兵房间、船员寝室逐一详细检查，并未查获禁物。陈、何又走下机器舱巡视，突见有一个长叶子的大电扇位置十分特殊，安在机器舱的壁上，既不是用来吹冷机器，也不便于人们受风，电扇座子的铁板很像个门，周围用的是螺丝钉。陈、何认为此中必具奥妙，再仔细审视，螺丝帽很光滑，还有油润，似乎经常装卸，遂找着一个扳钳，叫检查兵把螺丝扳出，把铁板取下。正旋开一个螺丝帽时，站在侧边的华人二车孙某上前挡住不准再拆，并大声说："这里的螺丝下不得，电扇座子不能移，动了机器要坏，明早开不出船谁负责？"陈、何都说这个电扇座子明明巴在舱壁上，距离机器很远，哪里会弄坏机器？果真坏了，航务处负一切责任。机器舱内的其他人乘乱纷纷闹嚷起来，其美籍大车醉眼蒙眬，酒气逼人，冲上前从检查兵手中夺去扳钳，猛力将检查兵推出舱口。这时，头层甲板口和机器舱口亦各来了两个美国兵，提着手提式机关枪把守着，不许人上下，并做出预备放的姿势，阻止检查，并说了许多恐吓话。陈、何二人明知有异，略加商量，遂即正色告诉买办徐焱南说："航务处官兵武装检查外国商船，并可在外国船上逮捕违法海员，是与各国领事、各洋行大班订有协定的。英、法、日、意、德等各国船只都已遵办，美商轮船不能例外。今夜情形，我们可以逮捕违法走私的中国海员。可以援上海例：洋人在华界发酒疯，影响华界公安、妨碍华官公务时，可以将酒醉洋人捆绑，送交该管领事究办。你可以向洋大车说明，'其春'仅是一艘美国商船，它在中国内河上行驶，载的中国客，装的中国货，不是外国租界。再闹，我们就要援上海成例，把他捆绑起来送美国领事处理。"

当乘客和提装工人知道此事后，纷纷表示支持航务处，都说美国人敢这样无理取闹，我们要退票，永不乘坐美国船，也不再给美国船装卸货物。在汽划上的航务处手枪兵也已子弹上膛，叫其他船只一律离开"其春"，做好战斗准备。洋兵被迫撤上楼后，形势才缓和下来。

此间情形，早有人飞报捷江公司。陈锦帆、何静源刚到买办间商谈，童季达也到了船上，童以天将拂晓为理由，请求不再检查，免妨碍开船。双方遂商定由公司买办和船上买办签字证明：（1）今夜因美国大车醉后妨碍检查，机器舱未查完，若在别埠查出烟毒禁物，由轮船买办和机器舱负责；（2）由机器舱二车、三车立即检查机器，并试车后盖章证明机器完全无损，航务处未弄坏机器，无碍航行；（3）美国大车妨碍检查，对中国官厅不敬事件，由公司买办童季达、"其春"买办徐焱南代为道歉，保证以后绝无同样事件发生。经童、徐两买办及孙二车盖章后，何、陈二人始携文件离船，临行前将孙二车逮捕，带回航务处审讯。

后据孙二车供称，那里确系机器舱的秘密窟，内藏有洋大车与买办徐焱南等所贩烟毒云云。航务处遂立电万县航务处及宜昌、万县海关，指明"其春"机器舱藏运烟毒，结果在万县查出鸦片烟4000余两，粗制吗啡坯子500余两，并将"其春"机器舱秘密窟拆除。

外国商船藏匿运毒，外国兵舰亦走私贩毒。川江行驶外国兵船始于1900年春，那时英国有两只浅水兵船"山鷸"号与"山莺"号由宜昌入川，溯流而上，经七天才开拢重庆，不久又由重庆擅自试航到泸县，再由泸县上行到宜宾，然后开回上海。自此以后，帝国主义者仗恃与清政府所订的不平等条约，借口保护其本国商轮和侨民，纷纷开兵船入川，损害中国主权，助长军阀内战，走私贩毒，浪沉木船，任意横行，中国官厅不敢过问。

1929年，川江航务管理处虽与各国领事及各外轮公司达成协议，有权检查外国商船，可以用外国船运输军队，可以处理外国轮船浪沉木船事件，并曾责成外国轮船公司赔偿过浪沉木船一案的一切损失，但仍无权检查外国兵船。如果知道有走私贩烟情事，也只能在兵舰停泊处监视其上下兵舰的华人有无夹带而已。我参加川江水上检查工作十年中，仅检查过一次外国兵船。

1930年8月，刘湘调独立第二旅郭勋（即郭勋祺）部进驻鄂西，在万县乘轮到宜昌，我为办理万、宜兵差及筹备宜昌航务机构，随军前往。郭勋到宜后，即兼任宜昌警备司令，与驻宜各国领事、舰长多所往还，我亦随同周旋其间。

某日，警备司令部水上稽查处副官王秩卿来报，有一少年自称是法国"都大"兵舰西崽，有秘密事要见司令官面报。经予询问，西崽李阿根称："此次'都大'兵舰由重庆开宜昌，藏运有私土2000余两，吗啡坯子100多两。特来告密，希望得笔赏金，如果不实，甘具死结。"

郭勋马上与幕僚商量，因"都大"舰长昨天曾来拜会过，遂决定用函通知"都大"舰长，约定明天9时去回拜；一面将李阿根口供及其甘愿枪毙的具结译成法文，一面又叫水上稽查处派两个有经验的钎子手装成马弁模样，明天随同前往。

第二天到了约定时间，李阿根被戴上手铐藏在汽艇中，由两个马弁看守，我和译员随郭勋一同乘汽艇到"都大"舰回拜。双方交谈中，郭假作随便谈及此事，将写好的口供、具结交给法舰长。舰长看后失色而起，急令副舰长下令叫士兵、水手各归房间，约我们同到李阿根所揭发的设有秘密机关的水手舱藏私处去查看。随从人员把舱中床铺、箱柜详细翻检，又细敲墙壁，均无异状，伪装马弁之钎子手亦看不出破绽。我建议把李阿根带来指认，若查不出来，好叫他死而无悔，法舰长同意。李阿根被押上兵舰，即用手指着水手舱木望板上的电灯，叫把电灯玻璃盖卸下来。玻璃盖一落，电灯泡、电灯灯头亦随之落下，即出现一个人头大的圆洞。带来的马弁（钎子手）伸手入洞拉出若干串袋，里面均是烟土和吗啡坯子，共3000多两。舰长见事情败露，立即将舱内住的一个法国水兵和两个中国小工拘押起来，以此作为搪塞。两个小工和烟土、吗啡坯子交我们带回讯办，至于那个法国水兵，他说将报请汉口法国驻华舰队司令从严处理。我们回警备部后，依例奖给密报人李阿根、王秩卿及上法国兵舰的钎子手若干奖金，带回的两个小工送交宜昌县，以私贩烟毒罪处罚。

此外，在渝、万等地，在英帝国主义的"福和""康定""金堂""万流""万县"等商船上，都发现过外国和中国船员夹带烟毒走私的事件。有的藏在厨房的茶篮内或冰箱内；有的藏在煤炭舱、洋兵房间或救生艇内；最狡猾的是将烟土搓成桂圆大的圆球，掺杂在米口袋内（船上例可带两三石米供途中食用），就是打钎子也不容易查出来，因为鸦片烟小球既干燥又圆滑，钎子打去很不容易穿着烟土。

图谋毒财，不惜害命

1931年4月20日，"渝江"轮由重庆开往宜昌途中在万县宿夜，万县航务处照例派护航队员刘克贵率队兵四名驻守轮船，检查旅客，维持秩序。

次日天将拂晓时，查过客票，刘克贵率队兵下船，站在巡划上监视"渝江"起锚"搭流"行驶。突然，从对岸杨家街口上游飞来一只小划子，上载几个旅客、十余件行李，顺着江流水势直向"渝江"轮船冲来。逼近轮船时，执篙划夫用篙头铁爪钩钩着锚链，掌梢划夫用桡抵着轮船，有两个穿军服的人就爬上轮船，放下带来的绳子拉吊客人和行李上船。

刘克贵见了，急令巡船赶到"渝江"，喝令从小划子上上轮的人立即下船，未上轮的客人、行李不准再上。那几人不唯不听，反加速拉上客人、行李。刘遂挺身上前，伸手拉住一口正往上吊的竹箱不放，队兵亦持枪制止划上余人行动。忽然一声枪响，刘克贵应声而倒，登时血染巡船；接连又两声枪响，吊船水手牟少清、队兵谭海云亦受伤。在这慌乱之际，小划上的乘客、行李都上了轮船，小划即向下游飞快逃去。航务处督察办公囤船见发生血案，马上派出部队在各码头警戒，封闭渡口，宣布江上戒严，一面用扬声筒高喊："'渝江'停开！"

当手枪兵纷纷由杨家街口乘小划向"渝江"轮包围时，"渝江"业已抛锚，孤零零地停在碛坝。航务处督察长和三师手枪兵中队长率人持枪登上"渝江"，周围载有手枪队的小划警戒着。当武装兵分段逐一查票时，即有船员、客人密告行凶二人系着军服，肇事后已换便衣，混在某堆客人间，同凶手乘小划一路来的其他四人，亦混在某处。手枪队兵分别挨近此六人侧近，用枪逼住，将他们逮捕。同时查获其带来的竹挑箱三只，里面装满烟土，还在一人裤兜内搜出枪弹一夹。逃走之小划亦被巨鱼沱航务派驻所截获。

两名凶手供称：一名曾治，一名陈文华。曾治先开枪打死刘克贵，陈文华随即开枪打伤水手、队兵，致使巡划脱钩离开轮船。二人都当过某部的参谋副官，现专门走私，小划上的其他人系得了好处，冒险为他们递飘，以往素不相识。问曾、陈二人武器何在，二人供说：在肇事后，知道惹下大祸，又听见航务处喊话叫"渝江"停开，见势不妙，乃脱下军装，另换便服，将枪弹用军装包裹投入江中，希图灭迹。经审实后，立判曾治、陈文华死刑，划夫和其余乘客，或拘禁，或重责。

万县江北岸西山观脚下有块大石头，人们叫它"盘盘石"。盘盘石近边处有个大圆洞，直径有两丈来宽，很像一个洗脸盆，人们叫它"洗脸盆"。盆下面通江，江流经过，必灌注入盆，然后再由盆底流出，形成一个大旋涡。渡船经此，稍一不慎，即会被旋涡水卷入盆中。万县航务处禁止渡船在此处抛河过渡，在盘盘石上设有岗哨，派武装兵监视，以保安全。

一天夜晚，哨兵刚撤离盘盘石，乘坐公事划子拟回南岸，忽然看见一个小划子由盘盘石方面划来，划上载着行李，仅有一个划夫拼命划船，迅速向南而去。哨兵见小划子只有行李并无客人，便叫公事划子加快赶上，把小划押到办公船来。经过检视，小划共载有行李三件，一个被盖卷，一口小提箱，另有两大坛涪州榨菜、几罐忠州豆腐乳及其他食物杂品，显见必有旅客由涪州下来在万县搭轮出川。但客人何在呢？经审讯，划夫说他名叫刘有富，本地人，年34岁。从他身上搜出一个赤金私章戒指，两张十元申钞。金戒指上的私章刻的却是"何天成"，内面刻的是"涪州天宝银楼造"。

原来何天成是丰都一带的烟贩子，素与船夫王大生有勾结。为躲过杨家街口检查机关耳目，他每每深夜由盘盘石上首西山公园溪沟中将行李运上王大生的划子，再上轮船，夜深人静，轮船上一般只有一个站岗的兵，容易贿通，可以运私上船。那天晚上他又与王大生约好，在西山公园上划子。但王大生近来赌输，正无法还债，他知何天成素来是单身独干，在行李内夹带有烟土，遂产生谋财害命的念头。他与划夫刘有富勾结，相约在经过盘盘石时将何天成推入水中，然后，取出烟土均分。不料在下手时何天成奋力抵抗，扭住王大生不放，两人均落水中，被旋入"洗脸盆"毙命。刘有富虽没有直接行凶，但却故意将划子弄偏，促使二人落水，事后又在划子上拾得客人掉下的钱夹子、金私章戒指等物据为己有。

案讯实后，将何天成行李当众检查登记，果然两大坛榨菜仅表面是菜，下边全装鸦片；几罐忠州豆腐乳也是烟土，总计300两左右。遂将烟土送川东禁缉总处没收，其余行李和金戒指等，及谋财害命的凶犯刘有富，一并送万县地方法院处理。

由于贩毒利大，此类谋财杀人之事屡屡发生。

诡计多端，五花八门

为骗过缉毒人员检查，贩毒者的藏匿手段可谓五花八门，以下几例即可窥一斑。

一群"肥猪"。有一次查获一只由万县开往云阳县的木船，在后舱中载了六头肥猪，都是用草绳捆住四蹄，捆住嘴巴，横卧在舱中的。检查员觉得万县是消费码头，所有肥猪都是由四乡和邻县运进，而这六头肥猪却偏要运出去，有些奇怪；再一看押运人横眉竖眼，似非善良之辈，盘问时言语也有些支吾。检查员疑惑这猪来路不正，恐有盗窃情事，因见猪屁股毛上烙有火印，遂逐一检视，看火印是什么字迹。

检查中发现有两头大肥猪竟是死的，业已变硬，虽说冬天不会腐臭，但可以断定非上船后才死。既是死猪，何以要同活猪一样捆绑，伙在一起？这些现象令人生疑，再反复检查，终于发现死猪尾巴下面近肛门处有用线缝过的痕迹。找着线头将缝线抽去，现出碗大一个洞，伸手进去一摸，猪腹并无内脏，装满了用猪尿泡包的烟土。原来是先把这两头肥猪淹死后，再挖出内脏，放进烟土，然后将刀口缝好，伙在那四头活猪之中，希图偷关漏税。

两条大鱼"吃吗啡"。日本商轮"嘉陵"号由宜昌开往重庆，到嘉陵码头停泊后，有人从船上抬下两条四五尺长的大鱼，每条都有好几十斤重，据说是在宜昌购买运来重庆转卖的。检查人员凭多年的经验，注意了这两条鱼。鱼刚抬到囤船，就命令把鱼放下，详细检查。

这两条大鱼周身无伤，看不出破绽。有个钎子手说："管它是不是，我从鱼嘴打它一钎子再说。"钢钎从鱼嘴打入不多深，似乎鱼颌部有什么硬东西挡着钎子，钎子手说："这里面有蹊跷，鱼喉咙又没有生骨头，怎么会打不进钎子。"拿刀来剖开鱼喉，但见喉中有个玻璃东西顶着；接着又把鱼腹剖开，取出了茶杯粗、三尺来长、两头封口的粗玻璃管一根，清清楚楚地看出装的是精制吗啡。把另一条鱼剖开，也有同样的一根玻璃管，显见是从鱼口插进去的。于是把人、鱼、玻璃管装的毒品等一并送主管机关处理。

空心大《辞源》。夏末秋初，在直航上海的轮船上，上海、北平等地度过暑假返校的大学生相当多。检查人员认为大学生都系有为青年，不会做走私贩毒的事，在检查时多不周密，但有一次却查获了大学生也贩烟土。

一艘轮船刚查完票准备开航，突然有个茶房在检查员耳边小声说：

"我想举发一个带烟土的，能不能得五成奖？"检查员说："当然可以。"那茶房遥指着边铺上一个学生模样的人说："那个学生的皮箱里面就有大烟土。你们刚才查得太马虎，被他混过了。"检查员遂走到那学生面前，叫他把皮箱打开。这学生不慌不忙地打开箱子，把衣物、书籍一样一样摊在舱板面上，让人检查。禁烟查缉处的钎子手也拿着钎子东敲敲、西闻闻，又将皮箱敲验，并无夹底情事，只好叫学生把书籍、衣物照旧收检好。那个密报茶房似乎不甘心，走过来假装帮学生拾东西，每样都拿在鼻端闻一下，最后拿起一本甲种大本《辞源》凑拢鼻端闻了很久。那学生一手夺过来装进箱内，把锁锁了。禁烟查缉处的钎子手说："这才怪，这箱子烟味很重，何以未查出私土？"那茶房说："那本厚书烟味才更重呢！"检查员忽然想起，不久前刚查获过用书夹带吗啡的人，遂叫学生把厚书拿出来再查一下。学生又把箱子打开，检查员和钎子手各拿了一本大《辞源》，把上面的细绳子解开后，用手翻书，却翻不动，再用力一扳，书中果然夹带着云南土！

原来走私者把大《辞源》书心挖空，只留边边，用胶水逐页粘好，就成了一个大盒子，正好用来装私土。

"拖鱼雷"。1936年，还查着一只木船，木船的船底下吊了一只煤油铁桶，焊封十分严密，里面装了300多两土。这种走私办法俗话叫作"拖鱼雷"。因为船老板事机不密，一个桡夫子在舱中舀水时，发现船底缚有钢丝，遂下水去摸，摸着个洋油桶子，知道是"拖鱼雷"，就向禁烟查缉处密报，得了一笔奖金，船老板被送监关了几个月。

打通节节的长篙竿。轮船上有救生艇，吊在栏杆边上，是准备万一船失吉时用来救人的，上面推船用具都准备得齐全，常有水手擦洗。

有一次英商太古公司的"万通"轮由上海直航到重庆，有人密报船上水手头目带有吗啡，但不知藏在何地。检查人员特别注意暗中监视着他的行动，上岸下轮，连他身上都详细检查，仍无所获。要开航的前夜晚，见他乘了一个小划子回船，同来一人却不上轮船，在划子上坐着。这水手头目上轮后，就在救生艇上取了两根长竹篙竿，递给划子上那人，说："替你买的东西买到了，拿去用吧。"

检查人员突然出面截住，把篙竿详细看了一看，是很普通的东西。推划子的划夫说："这是江安楠竹篙竿，好东西！"一句话引起检查人员疑心："为什么江安篙竿要到省外去带呢？"便问这篙竿每根值多少钱。那人说："不值钱，顶多值元把钱。"检查员说："那我赔得起！"他拿过卫兵身上佩刀，把竹篙砍断，就露出一堆白面，正是吗啡！又把另一根劈开，发现各个竹节都已打通，装的也是吗啡，遂把水手头目和接货的人一并送究。

灭火机仅存空壳。在川江行驶的汽船、轮船上都装备有震旦灭火机，用来充实船上消防设备。某次有人用木箱装了 12 个灭火机上轮船，初以为是船上用的，未加注意。后来有人告密，说这灭火机是空壳壳，里面装的是私土。检查员打开一看，果然属实。

救生器另有内容。轮船上备有救生带、救生衣等救生器具，是以备轮船失吉时供人穿戴用的。但在走私猎獗时，屡屡查获到一些救生衣、救生带或救生圈，内里填充的不是浮木、海绵或木棉，而是吗啡或者烟土。

邮政趸船换邮袋封志。邮政局接受包裹是要经过严密检查，当面封装，不能夹带违禁物品的，但用邮包寄烟土、寄毒品的事仍然层出不穷。在万县破获邮务员漆则明贩毒走私一案后，这内幕才揭开。漆作为万县邮政趸船管理人，与走私烟贩勾结，先用普通商货交包裹，等这些包裹到趸船候轮装运时，再打开邮袋将商货取出，换装上烟土。本来邮袋封志很严，在封口绳子交结处用铅封夹上，而夹铅封的钢夹钳是由邮政总局特制分发，符号纹路均甚精致，不易仿造。漆则明竟弄到这样一把钢夹钳，他换装烟土后，仍然用铅封夹好绳结，与原封无异。

走私商人仿印西药商标。 1933 年某月，重庆后伺坡某印刷厂印制假钞票一案被破获，抄出了大批西药商标，其中多系广州、上海等地著名大药房的名牌产品商标。大家都很奇怪，这些药房何以跑到重庆这家小印刷厂来印商标？后来才查出是走私商人带到上海去贴装毒品的药箱、药瓶用的。因走私商人考虑到在上海印刷可能被药房查出（若被控告，即犯伪造商标牌号罪），所以设法在重庆印好带去。

上面所叙述的一些烟毒走私活动都是在重庆、万县发生的，其他类似情形当然还很多。走私而未被破获（藏得太秘密或买通查缉人员），或不能破获（如国民党中央军八十八师孙元良的官长行李，明知有夹带，但不能去查）、不敢破获的事亦复不少。

闯江湖在青岛

新凤霞

一

我为一位老姐妹做了主婚人，心里为她祝福。

从这件喜事，引出一段悲惨的回忆。那是 1945 年日本投降前后，全国人民苦难深重。我正在青岛西镇、东镇的戏园子唱戏。这地方是水陆码头，本是养艺人的地方，因为政治形势紧张，先是小日本后是大老美水兵，又加上狗腿子、汉奸欺负我们，市面买卖家不下板儿，老百姓关门闭户。戏园子、饭馆子都散了，歇了业。失业挨饿不可怕，最可怕的是财主老板勾结日本汉奸，抓男青年去东北当劳工，抓女青年去兵营慰劳皇军。满街的哭号声，大卡车上装满了抓走的男女青年，吓得女孩们都不敢梳洗打扮。时时刻刻担惊受怕，当亡国奴真惨！那些日子是在刀尖上过来的。

戏院财主散了班，演员们都是外地来的，两眼一抹黑，举目无亲流落街头，那股惨劲呀！俗话讲："靠山吃山，靠水吃水。"这地方靠大海，海上大轮船就是饭碗儿。日本人来了吃日本，倒买倒卖日本货。国民党来了吃国民党，海上来的大轮船，运来美国兵，哇啦哇啦更吓人。

旧社会人吃人、人忌妒人，旧戏班儿，有讲义气相互照应帮助的，也有忌妒人、同行是冤家的。青岛市面紧张，我们戏班的财主包大胆子不干了，散了班。这里是青岛有名的穷地方。我们三个女演员，花玉霞是当地土生土长的大姑娘，虽说她也拉家带口，可有个能说会道、善良灵活妓女出身的母亲，全靠她替女儿安排应酬。为了养家糊口，花玉霞台上唱戏，台下给大财主小日本当玩物，也难免招来是非。有一次，一个老客带着一群日本人闯进后台，大骂："臭唱戏的，花玉霞你出来！你瞎了眼，你敢骗我，真是在天皇老子头上动土呀！真他妈的应了那句话了，'能交婊子不能交戏子'，你给我滚出来！"日本人按住花玉霞连踢带打，并在她手上抢走了戒指、手表。受了欺负毒打之后，她还得照样去应酬，眼泪和着胭脂粉，泪不干就出去陪伴上岸的客商了。花玉霞的妈妈长得细皮白肉，满头黑发披在肩上，水汪汪的一双大眼睛，高高的鼻梁儿，一笑满口白牙十分可爱。可是她脾气大，虽然是二路活，架子不小有点排外欺小的样子。我唱主演，是外来户，年岁比她小，步步得让三分。她也不是有意欺负我，就是要耍威风，高兴了关心我，她心是很好的，就是学了一套旧戏班的油滑。

花金荣也是唱二路活的女演员，她是从唐山来山东搭班唱戏的，其母嫁给一位评剧班拉大弦的。金荣有个好模样，还有一副好嗓子，聪明伶俐，跟后父学了评剧，可说出台就唱了红戏，当了梁柱子，她后父娶她母亲，就是看上了这棵摇钱树。我是从天津随母亲带着几个妹妹来青岛、烟台、济南唱戏的。三个女演员虽来历不同，但唱戏跑江湖的人，处处是家，处处是亲人。同台唱戏同在一个锅里找饭吃。我们三个成了评剧班的"三姐妹"。这三家最要好的是带着闺女闯荡江湖流浪唱戏的母亲，她们有共同的苦水，看着闺女在前台唱戏，她们在后台很亲热，高兴了谈吃谈穿，不顺心了骂天骂地、骂社会、骂闺女，恨命苦，过日子难，骂丈夫没能耐。她们习惯了一起说，一道比，一道发牢骚，太闷了三人同哭，又相互劝解，相互关心。比唱、比吃、比挣钱的本事，有时三人一起大笑。花玉霞的妈妈是山东大城市妓院出身，手头大，讲吃穿，义气大方，办事痛快热心。金荣的妈妈是农村比较富裕的家庭出身。有点浅白麻子，穿戴总是灰白，梳一个圆头，扎一根白头绳，不忘守寡时"要想俏常戴三分孝"，金荣妈永远是有戴孝的俏劲，她说过："自从金荣爹死后，身上没有断过孝，虽说嫁一个拉弦的也不忘前夫……"后夫是我们班拉大弦的，是个能拉能唱能说会道，吃喝嫖赌抽，就欠坑蒙拐骗偷的戏油子。他背着金荣妈说："我不是爱上金荣妈这个风流寡妇，是看上了她有个水葱似的大闺女。"所以过了门就教金荣学戏，既是父亲又是师父，因此金荣母亲感激丈夫。母女俩百依百顺，只要他一张口，那真是说一不二。金荣从小没了父亲，母亲嫁给拉弦的，她学了戏，这饭碗是父亲给的，就得好好端着。金荣人老实，很善良，学戏很机灵，很快上台挣了钱，后父遂了心。金荣妈是农村出身的无知妇女，一切听丈夫的，花金荣也是老老实实地为后父赚钱，随他摆布。

我母亲个性很强，她带着女儿出来是唱戏养家，因还有我父亲带着弟弟姐妹们，我要按时寄钱回家。我母亲知道我唱戏受苦，我却能忍受，但我们卖嘴不卖身，别人再发财我们不眼馋。我们过的是苦日子，棒子面白薯，天天如此。姐妹们也懂事，连别人屋子都不进，那时姐妹们也都知道，我们穷不能叫人家看不起。人家吃饭了，我一喊，她们就赶快跑回屋来对我说："姐姐，我没看人家吃饭，我在门口等着你哪！"

我们三家住后台小院，门挨着门，三家情况一样。花玉霞门道多家里很好。花金荣父女两个挣钱，生活过得去还有留余，只有我家生活艰苦。那日子真是难过哪！每花一个钱都要扳着指头算计呀。好在我母亲会过日子，我和妹妹们虽不挣钱，不要穿，却能吃苦耐劳。母亲帮人做一些针线活挣钱。我和妹妹背白薯，卖杂和面，在外伺候人。

天城戏院的财主老板叫暴善亭，外号暴大肚子。他是个生意精。这个小戏院专唱评剧，很多著名评剧演员都在这里唱过，都知道他心狠无情。市面不好上座差，他立即宣布散班，你们各找出路。

二

花玉霞、花金荣、我们三家又住在同一个客栈里了。花玉霞要应酬客人，住在宽大通风带客厅的向阳房子里。花金荣住了两间较大的北屋。我们和母亲住角上一间小南屋，好在都是楼上。中式的楼一圈房子，楼梯很陡，栏杆扶手也很细，楼上不让生火，做饭下楼，生活很不方便。这小客栈比天津大杂院还热闹，住的人都是下九流，妓女、唱戏的、江湖艺人，也有外地跑买卖的。三层楼几十户，什么样事、什么样人都有，也有带着男人进屋的妓女。最难过的是穷苦艺人，妻子带个男人来，丈夫要躲出去，不再承认是丈夫，要说是哥哥，男的有挑着筐卖破烂的，摆摊算命的，拉人力车的，码头上卖苦力的，这些大都是外来户，什么口音都有。还有的演员为了挣钱把丈夫说成是跟包的，丈夫还得给客人倒茶递水。客楼里住的人，谁也不能看不起谁。都是为了活命啊！这楼里的要是日本人看上哪个都跑不了。

花玉霞在楼上算是最富裕的。她屋里总是呼啦呼啦的搓麻将声，出出进进的人都是袍子马褂，西装革履，老的、少的、胖的、瘦的。还不时传来粗野的骂声，哄堂狂笑声，日本人哇啦哇啦的怪叫声，娇声娇气的女人声。饭馆里提盒送饭的师傅、端着水果的伙计进进出出，还有整筐的西瓜皮向楼下抬的脚步声。花玉霞一天三换，穿绸着缎，出来进去，迎进送出里外张罗，好精神啊！不久又换了带客厅的大房子，更神气了。

花金荣的妈妈是个快嘴人，她看见花玉霞的生活很眼热，来找我母亲说："都是作艺的，有的吃香的、喝辣的，有的睁开眼望着天，盆干碗净，揭不开锅呀！这年头养儿得不了济，养闺女可能得济呀！看看人家花玉霞，咱们也是养闺女的，不就是一看，二笑，三留住吗？叫孩子也风流风流吧，咱们养儿的不得济，女儿沾点光……谁看不起叫他们看去，洋钱在兜口里花着硬气，我们老头天天都逼着我，跟金荣说，让她活动活动……谁跟钱有仇呢，咱们都是卖艺的，不是高门贵楼的小姐，没有人给咱的孩子立贞节牌坊啊！在唐山落子馆里，我们金荣唱得就不错了，也有花钱的，那时候孩子太小我没同意。她爸爸就有这个心，现在孩子大了，我也愿意让金荣风流几年，唱戏的不养老，不养小，过了这个村，可就没有这个店了……别这么死心眼了。"我母亲听她这么一大套话真烦："你别这么见钱眼开了，钱钱！看看你那副样子，掉钱眼里了，我们不眼红，我闺女唱戏挣钱上了台，每天装男扮女的给人家开心，还要逼孩子……"母亲说完，身子一扭背着做活，不理金荣她妈了。

金荣为人耳软心活，没有准主意。后父威胁利诱，加上她受不得金钱的诱惑，经玉霞的介绍，也活动着常常出去了。花金荣的生活于是起了变化，手上戴着金晃晃的首饰，她妈妈戴上手表了，因为不会看，常常伸着手问："替我看看几点了。"她后父托着鼻烟壶，嘴上叼着烟卷儿，显得很神气，有意站在院子当中说："管他妈的俊不俊，丑不丑，穿的是绸，吃的是油，口袋有钱不用愁！"

我跟母亲咬着牙过着艰苦日子，我母亲不让我们出屋。为了省点房租钱，我们从楼上搬到楼下一间小东房里。因为靠堆煤的房子，本来是堆些破烂东西，腾出让我们住进去，为少给房钱，煤灰堆得满屋黑灰面子，妹妹小脸永远是黑的，手面一搓一片白，牙一咬咯咯响，煤渣子飞一嘴。好在青岛天气不错，不是很冷也无风沙。有一次妹妹把道上的煤渣子扫在我们簸箕里了留着生炉子。这事母亲和我不知道。我听说以后，打了妹妹一巴掌，我说："咱们可以在废煤渣子中捡煤核，不能扫道上的煤渣子，人家会说是咱偷的。"一个人名声比什么都重要，母亲一生最讲名声了，母亲也打了妹妹。

三

客楼里被困的曲艺演员不少。有一天，艺人杨小亭忽然来找我母亲说："咱们艺人就是要人帮人的，有了人就能找出吃饭的路来。还有唱山东梨花调的孙翠玉，京剧翻跟头的武行，评剧演员张文汗，拉大弦的赵月亭，唱山花脸的李文元，小生张明生，变戏法的王有得外号王胖子等曲艺演员，大伙凑着去撂地。海边上大轮船来了，打个场子咱们就开锣，张嘴伸手就是钱哪。"我母亲当然满口答应了。可玉霞妈和金荣妈听说了跑来劝说："杨嫂子，这可不行啊！要是一去撂地，就算地油子了，地戏子等级低了，可进不了大戏院了，也攀不上财主有钱人捧了……"我听了这些话心里很生气，跟母亲说："不，咱是卖艺挣钱，不管地油子低人一等。"杨小亭大哥很热心，他跑前跑后，把大伙联合起来了。我们就在海边上拉开大场子，唱起撂地戏。撂地也很红火，真是嘴一张，锣一敲，伸手开口就挣了钱，总算勉强维持现状。我不觉得这是丢人。花玉霞坐着人力车过海观看，我们各有各的数，各走各的路。

花玉霞演戏时爱闹脾气，戏也唱油了，山东她也熟，哪里也待不长，老换班子。这时她如鱼得水了，财主老客、买卖商人、轮船上的大爷暴发户，大包提、小包扛地送礼。她又重新换了双扇门的带客厅的房子。我跟玉霞见面都少了，怕她以为我有求于她，她也有意躲着我。

花金荣一下子也变得更好了，玉霞为她介绍了一位大轮船上的有钱人。临时成家是大轮船上岸人的习惯，上了岸成个临时家，走了就散伙。金荣果然搬进好房子。一个高大黑粗、满腮胡子的中年人，穿得很漂亮，"手表大皮鞋，是个阔大爷。"这是花玉霞妈妈说的。花金荣一下子过上了太太生活，坐上了带响铃的人力车，她的后父又托上了鼻烟壶，穿着也好了。大酒壶不离手，花生仁装满了兜，想吃想喝伸手有。

三家人就穷了我们，后来地摞不成了，要地皮钱，盼着市面好戏院子恢复，也是个好日子。杨小亭也走了，真是人无头不能走，鸟无头不能飞呀。杨小亭一走大伙散了心，各自找生路，心也不齐。一个楼住的人分三、六、九等，有钱的住好房子，日本人也照应，没有钱的住下房。

花玉霞每天忙里忙外是这个小客栈的风头人物，她跟一群人打牌，穿着男式对襟衣服，胸前戴着怀表。花金荣虽然过得很红火，可也有一肚子苦水。她后父就是逼她挣钱，拿着钱到处嫖妓女。金荣骂她妈瞎了眼，说她的家是没底的洞，填不满的坑。大轮船上的给钱大爷临时丈夫倒是百依百顺，露水夫妻哪有一点情义，临时的娘们看一阵子，船一开，人一走谁认谁呀。花金荣流着眼泪偷偷地跟我说了几句知心话。

四

花玉霞妈和花金荣妈来找我妈，花玉霞妈很神秘地说："你们母女离家在外坐吃山空够多难哪，你们大姑娘，可说是嘴一顺，受一顺，爱好要强，可是散班不开锣，老这么凑合也不是事，大轮船上的人，下来就是花钱的，他们专找唱戏的，说是戏子台上站，花钱买票看，戏子台下看，就是花大钱哪！"金荣妈也跟着说："看看各面，就给个见面礼，你们大姑娘。"母亲听了她们两个的劝说，想想也是为了我们好，她没说话，冲着她们两个摇摇手就端了一个盆出门到当院水管子打水。心里有事脚下一滑摔倒了。不想这一摔小腿骨折了。这可真是火上浇油呀！妹妹们小，又举目无亲，玉霞妈好心地又来找我妈，看到我们这火烧眉毛的情况："救急还得去帮啊！大轮船上那大爷是个很善良的老人，是天津大直沽的，你们天津老乡啊！我领你去吧，见见面求帮忙，能给你妈治腿，你可以见见，钱到手不就全由你了。再说人家不能隔山买老牛，得见见面。"这时我心里只是想，困到外边去向亲求助，人在异乡听到家乡人是觉得有点照应，玉霞妈说："跑船的人心眼好，善人多，你就跟我去见见吧。他要撒野我就喊叫，要是好心人我日后报答他。"那人在他们楼上客厅等着，玉霞妈在前，我在后上了楼梯，心里紧张，两条腿走着发抖，不知会有什么事。妹妹们站在楼梯下边抬着头看着我。她们不懂事，就知道要钱吃饭呀，母亲需要钱治腿，还要给天津父亲寄钱，就只靠我一人想办法。玉霞妈领我上了楼进了他们房，拉开里屋门。她把我向前一推。我进了屋一看，一个五六十岁的瘦高个，身穿长袍，像是一件绸袍子挂在竹竿上一样，从肩膀向下溜，架不起衣服来。手里拿一把折扇不住地扇。紫黑色的脸，满脸的褶子纹，脑门很白，双鬓已有些花白了，看我进来了，他赶紧站起来点头哈腰，显得很不自然。玉霞妈看我不知怎么好，讨好地对我说："卢二爷，你就好好地跟她说说，开导开导她吧，难呀！困在这里了！"我心里很毛，不知是跑出去还是在这里好，心想就是坚决不坐！不想玉霞妈说着已退出屋去了，怎么办？这场面怎么应付哪？那人说："你不要太紧张，请坐。"我就是不坐，忽然觉得他很面熟，像是我以前见过的人。

那人看我不坐就说："我也是天津，大直沽的家。轮船上的工人，上了岸就是花钱，包娘们，租房子住旅馆大吃大喝玩玩乐乐……"我听不下去了，我知道一看、二坐、三留住是什么意思。我就不坐，心里都要爆炸了，我大着胆子说："你不要说，你可不能把我当作你一看、二坐、三……"那人抢着说："不不不，我可不是说这，我家有妻儿老小……我没看过你唱戏，却知道你是唱戏的，困在这了，又是天津人，乡里乡亲啊！"看他那说话的样子，确实是个善良人，可我站着就不坐。他向前慢慢走了一步，我不由得双腿扑通跪下了，那人一惊反倒退了几步，惊慌地说："你……你怎么跪下了呀？"我说出心里话来："我看你像我爸爸，你是好心人，我是向你求助的，你可……"那人用手比画着说："起来，起来，我可不是下船找临时娘们的人，就是知道你是天津的困在这里了，我知道你是唱戏的，作艺的。我原在天津同庆后班子里当小伙计，叫卢顺德，实在受不了老鸨子、官面的打骂欺压，我偷偷跑了。因为是老鸨子女儿杨金香给了我路费，这才跑出天津，到船上当苦工，天南地北，漂洋过海的这些年哪。我受了唱戏的恩，今天才要见唱戏的。听花玉霞介绍，我要见见你。"啊！我想起来了，我脱口而出："你是我二伯母家常常背煤劈柴的卢二叔！""你是……那个学习的小……就是杨金香给了我路费呀，唱戏的！我永远不忘唱戏的，今天要见见你也是因为知道你是天津来的唱戏的，我可不像他们下船就找女人，包娘们，租房子……是你，你就长大成人了，这可怎么说！"我听他说这些话，更清楚想起他那时受苦的样子。二伯母整天骂他，说他手脚慢，我同情他，叫他二叔。二伯母不管他饭，我偷偷给他送饼、鸡蛋、馒头。那时他很年轻，二伯母家一帮小女孩儿挨打受骂，却跟卢二叔好，卢二叔是个好人，他是老实巴交的劳动人民，从小没爹没妈，在二伯母家当伙计。我问他知道我大姐的下落不，卢二叔说："这些年他们一家离开了天津，我也一直在外头，没有一点她家的消息。我是永远不忘她对我的救命恩情。"他念念不忘姐姐待他的好处。他现在好了，是船上的什么副，我心想不能老在这里跟他说话，听人家说长道短。我转身就跑，用手比着说："你不要多说了，我们走。"可是我跑不出去，玉霞妈把门反锁了，我拼命地拍门喊叫："开门、开门……"

玉霞妈开了门，笑嘻嘻地进了屋，她看我站在原地面无表情。卢二叔还是坐在原来椅子上不作声，问："卢二爷，您老满意吗？"卢二叔站起来双手一甩说："这什么事呀！哇！真没想到哇！"玉霞妈看看我，我抢着说："这是我二伯母家的卢二叔。"卢二叔又转了情绪对玉霞妈说："闹了半天不是外人，天津老乡，又是一家人，我是她二伯母家的伙计。"我对玉霞妈说："真没想到哇，但我记住了你讲的一看、二坐、三留……"卢二叔说："快别说了，这是怎么说的，是我侄女呀，是个好闺女哇！"

玉霞妈愣了一下，连声说没有想到，说了我们的困难，卢二叔给了一把钱，我说："我不能接你的钱，二叔能明白吗？"玉霞妈接过了钱，我谢了卢二叔，说："二叔老了，也难多了，我日后一定报答你，天津见吧。"

以后卢顺德又来看过我们，母亲千恩万谢。卢顺德又多次去过玉霞家，听说玉霞妈给他介绍了一个女演员。不久，船走了，卢二叔也没有消息了。

五

花玉霞越来越油，她妈妈也变成八面玲珑的江湖风流典型妈了。花金荣跟的那个临时轮船丈夫，不久就看够了，对她又打又骂。她得了重病，可怜她连走路都困难。我把她的情况告诉母亲，让妈劝劝她妈，不要就为了钱，叫孩子去卖命。她妈心软，和她后父说了，她后父还跟我们吵了一架。我看金荣长了个疮，就给她上药。我骂她后父不是人。这话她后父知道了，说我挑唆他们家庭不和，站在当院指桑骂槐。我母亲哪听他这套，当面质问他，从此他不跟我母亲讲话，我们见面谁也不理谁。可是金荣跟我仍是很好，见面说话都得背着她后父。金荣笑着说："我心太软哪，经不住后父的那张把死人都能说活了的嘴，火红一阵子，轮船开了，人家拍拍屁股就走了，转脸无情啊！后父为了钱娶了我妈，我为了钱给人家做临时的小老婆，看够了，玩腻了，甩手走了，转脸连认你都不认了。"我看她太软了，简直像个棉花桃，随便被人掐，跟她说："人善被人欺，马善被人骑，咱们这戏班儿的父母也是一样，都是太老实、太善良了。他们指你挣钱，还是欺负你，看着你，你在台上唱戏都没有自由，跟唱小生的、唱老生的不许说话，只要是年轻的，跟你做戏，下台就得挨骂，还挑唆你妈打你。你不能这么下去，你就说爱谁就跟谁，你就是要有个主意，任别人摆布不行的。"可怜的花金荣她妈妈听她后父的。金荣由于得过病，嗓子不如以前了，身体也不好了，两只大眼也没有神了。

日本投降后，暴大肚子把戏院子改成了酒吧间、跳舞场，花玉霞当了跳舞女，成了吉普女郎，她很能适应这样的生活。

花金荣也认识了一个商人，不久由父母带着回到唐山。三家也很久没有来往，我母亲跟我卖了戏衣回了天津。

图书在版编目（CIP）数据

远去的民国江湖／刘未鸣，韩淑芳主编 . —北京：
中国文史出版社，2019.7

（纵横精华. 第四辑）

ISBN 978 - 7 - 5205 - 1371 - 5

Ⅰ.①远… Ⅱ.①刘… ②韩… Ⅲ.①帮会—史料—
中国—民国 Ⅳ.①D693.75

中国版本图书馆 CIP 数据核字（2019）第 245320 号

责任编辑：金硕　李军政

出版发行：**中国文史出版社**

社　　址：北京市海淀区西八里庄 69 号院　　邮编：100142

电　　话：010 - 81136606　81136602　81136603　81136605（发行部）

传　　真：010 - 81136655

印　　装：北京新华印刷有限公司

经　　销：全国新华书店

开　　本：787×1092　1/16

印　　张：14

字　　数：172 千字

版　　次：2020 年 1 月北京第 1 版

印　　次：2020 年 1 月第 1 次印刷

定　　价：42.00 元